美国心理学会情绪管理自助读物

成长中的心灵需要关怀·属于孩子的心理自助读物

我能交到好朋友

学会建立和维护友谊，提高社交能力

The Friendship Book

[美] 温迪·L.莫斯（Wendy L.Moss） 著

吴锦华 译

化学工业出版社

·北京·

谨将此书献给我特别的朋友们——辛迪、唐纳德、玛丽莲、佩妮和维琪。几十年来能与你们同行，我非常开心。

——温迪·L.莫斯

The Friendship Book, by Wendy L. Moss.
ISBN 978-1-4338-3229-1

Copyright © 2021 by the Magination Press, an imprint of the American Psychological Association.

This Work was originally published in English under the title of: **The Friendship Book** as publication of the American Psychological Association in the United States of America. Copyright © 2021 by the American Psychological Association (APA). The Work has been translated and republished in the **Simplified Chinese** language by permission of the APA. This translation cannot be republished or reproduced by any third party in any form without express written permission of the APA. No part of this publication may be reproduced or distributed in any form or by any means, or stored in any database or retrieval system without prior permission of the APA.

本书中文简体字版由American Psychological Association（APA）授权化学工业出版社独家出版发行。

本书仅限在中国内地（大陆）销售，不得销往中国香港、澳门和台湾地区。未经许可，不得以任何方式复制或抄袭本书的任何部分，违者必究。

北京市版权局著作权合同登记号：01-2024-5872

图书在版编目（CIP）数据

我能交到好朋友 ：学会建立和维护友谊，提高社交能力 /（美）温迪·L.莫斯（Wendy L. Moss）著；吴锦华译. -- 北京：化学工业出版社，2025.4. --（美国心理学会情绪管理自助读物）. -- ISBN 978-7-122-47351-6

Ⅰ. C912.11-49

中国国家版本馆CIP数据核字第20254QB575号

责任编辑：郝付云　肖志明　　　　装帧设计：梁　燕
责任校对：边　涛

出版发行：化学工业出版社（北京市东城区青年湖南街13号　邮政编码100011）
印　　装：中煤（北京）印务有限公司
710mm×1000mm　1/16　印张9½　字数100千字　2025年6月北京第1版第1次印刷

购书咨询：010-64518888　　　售后服务：010-64518899
网　　址：http://www.cip.com.cn
凡购买本书，如有缺损质量问题，本社销售中心负责调换。

定　价：49.80元　　　　　　　　　　　　　　　　　　　版权所有　违者必究

前 言

你在寻找什么样的好朋友？许多因素能够帮助你建立亲密的友谊，同样也有许多方法可以帮助你维护友谊。这就是本书的核心内容——如何结交朋友、维护友谊以及成为他人的好朋友。

友谊能够让你感受到归属感，让你有机会分享经历，给你微笑的理由，帮助你融入周围的环境。当你需要向值得信赖的人寻求帮助时，朋友是你坚强的后盾。有些人觉得交朋友轻而易举，而有些人觉得困难重重。即使你是一个有趣、善良、友好的人，你可能仍然渴望拥有更多的朋友。

在本书中，你将了解到朋友的定义，如何确保自己已经准备好成为他人的朋友，以及拥有一个好朋友的乐趣和友谊的复杂性。此外，你将有机会思考何时需要独处，如何妥协，如何处理与朋友的分歧，以及使用社交媒体的利弊。

本书还将带你了解其他孩子是如何交朋友并维护友谊的。为了保护孩子们的隐私，书中的例子融合了许多不同孩子的故事，并非特指某个孩子所面临的具体情况。

在探索如何交朋友和维护友谊的同时，不妨深入思考自己的独特之处，以及自己引以为傲的特质。如果你为自己的某些行为或才能感到自豪，那就大胆地展示出来吧！当你开心地去结交新朋友时，你希望朋友欣赏你的哪些方面，同时考虑你看重朋友的哪些品质，以及你如何才能成为一个值得深交的好朋友。

祝你在寻找朋友、维护友谊和享受友谊的旅途中好运连连！

目 录

第一章　你想找什么样的朋友？ / 001

　　创建友谊清单 / 008
　　你喜欢哪种社交方式？ / 011
　　生活中的社交圈 / 012
　　一步一步慢慢来 / 016

第二章　如何交到好朋友 / 018

　　做好交朋友的准备 / 023
　　去哪里找朋友 / 023
　　观察细节 / 024
　　不要急于求成 / 025
　　结交新朋友的技巧 / 027
　　被拒绝，怎么办？ / 028
　　什么时候继续尝试交往 / 031
　　别人也想认识你 / 032

第三章　好朋友是什么样的？ / 034

　　好朋友有哪些特征 / 039
　　拥有同理心和善意 / 039
　　做一个挺身而出的人 / 040
　　尊重他人和建立信任 / 041
　　不要控制他人 / 044
　　学会原谅 / 044
　　不要让竞争破坏友谊 / 047

第四章　遇到分歧，怎么办？/050

你应该说出来吗？/055
积极沟通的技巧/056
寻找解决方案/060
无法达成共识，怎么办？/063
朋友伤害了你，怎么办？/065

第五章　最好的朋友/068

最好的朋友是什么样的/073
最好的朋友应该遵循的原则/074
忠诚/076
最好的朋友不止一个/078
与最好的朋友发生了冲突，怎么办？/080
每个人都应该有一个最好的朋友吗？/082

第六章　应对同伴压力/084

群体声音/089
对消极的同伴压力说"不"/090
为什么我受到了排斥/093
积极的同伴压力/097
这份友谊值得吗？/097

第七章　被排斥、被孤立，怎么办？ /100

保持强大的内心 / 105
为什么会发生孤立行为 / 109
什么时候要结束友谊 / 111

第八章　安全使用社交媒体 /114

社交媒体的优势 / 119
社交媒体的缺点 / 122
不要沉迷于社交媒体 / 126

第九章　应对友谊的变化 /128

什么样的友谊值得维护 / 133
和朋友的兴趣不一样了，怎么办？ / 135
暂时中断友谊 / 137

小结 /142

第一章

你想找什么样的朋友?

你有没有想过自己为什么要交朋友？

你知道自己想从友谊中获得什么吗？

许多孩子认为，拥有相同兴趣爱好或想法的人更容易成为朋友。他们可能倾向于和那些拥有相似幽默感的人做朋友，并且彼此愿意投入大量时间相处。有些孩子会认为，和跟自己不一样的人做朋友才有趣。他们渴望和那些更爱冒险、更受欢迎或更了解某些主题的人交朋友，一起探索令人兴奋的新体验。还有些孩子想要寻找值得信赖的朋友，可以随时与之分享心事和个人想法。

与好朋友在一起是一种美妙的体验，但有时你可能更愿意独处，甚至在某些时段，你可能对交朋友不那么感兴趣。你会（也可能不会）惊讶地发现，独处有时是一种自然而然的状态。当你独自一人的时候，你可以自由地唱歌、跳舞、阅读你最喜欢的书，或者参加其他你喜欢的活动，而不必考虑他人的意愿。当你准备好重返社交圈时，你可以重新联系你的朋友。重要的是要学会维护友谊，并在独处时间与社交时间之间找到一个舒适的平衡点。

在本章中，你将有机会思考，你希望从友谊中获得什么，花多少时间与朋友相处，以及你想与朋友一起做哪些事情。你还将了解生活中不同的社交圈。

不过，在深入阅读这些内容之前，请先尝试做一个小测验。这不是考试，没有正确或错误的答案，也不用担心成绩！这只是为你提供了一个机会，帮助你思考希望从友谊中获得什么，以及如何回应他人。

小测验

1. 你发现自己和年级里那些受欢迎的孩子没有太多共同之处，但你渴望变得受欢迎，所以你：

    a. 会模仿他们的行为，试图融入他们，并结交更多朋友。

    b. 试着找到一项你和他们中某个人共同喜欢的活动，然后一起参加。

    c. 决定和那些相处舒服、兴趣相投的人交朋友，不管他们是否受欢迎。

2. 你认为好朋友就要经常待在一起，你很想与某个同学成为好朋友，但你知道他很忙，那么你会：

    a. 放弃这种潜在的友谊，因为你只想要一个能经常陪伴你的朋友。

    b. 尝试和他交往，但你认为你们之间不可能发展出亲密的友谊，因为你们不会每天都在一起，也不会在社交媒体上频繁互动。

    c. 决定和他交朋友，如果他没有时间和你一起玩，你也会找其他朋友玩。

3. 如果一些人想做你不感兴趣的事情，你还愿意和他们交朋友吗？

  a. 我只寻找和我兴趣一致的朋友。

  b. 我可能需要做一些自己不感兴趣但朋友喜欢的事情，为了能让朋友接纳我，我会做他们要求的任何事情。

  c. 我知道有时需要妥协并支持朋友，但我也知道，不能随便交朋友，比如，如果有人让我做危险的或者让我感到不舒服的事情，这样的人就不能做朋友。

4. 劳拉希望所有的朋友都值得信赖，这样她就可以和他们分享自己的秘密。一天，劳拉告诉一位朋友，她很想抽烟，但朋友把这件事告诉了妈妈。朋友的妈妈给劳拉的妈妈打了电话。劳拉感到被背叛了，因此结束了友谊。如果你是劳拉，你会：

  a. 断绝友谊！自从她泄露了你的秘密，你就永远无法再信任她了。

  b. 和你的朋友谈一谈，要求她保守你所有的秘密。

  c. 冷静地跟朋友谈一谈，询问她为什么要泄露你的秘密。聊完后你可能会觉得，她是一个很好的朋友，因为她一直关心你。

5. 你想拥有不同类型的朋友吗？比如，有共同爱好的，一起学习的，一起欢笑的，以及分享秘密的。

a. 你认为，真正的朋友应该和你有着共同爱好、可以一起学习和玩耍、可以分享秘密。如果不符合这些条件，你就不会和他成为朋友。

b. 你可以和没有太多共同点的人一起玩，但你还是想要一个和你有很多共同点的朋友。

c. 你不需要朋友和你有太多共同点，要是能找到和你有着不同兴趣爱好的朋友，你也很高兴，因为这是探索和尝试新事物的好机会。

测试结果

如果你的选择大多是"a"，那么交朋友可能给你带来了一些压力，因为你正在努力探索如何与那些和你有所不同的孩子成为朋友。

如果你的选择大多是"b"，那么你明白，即使是非常要好的朋友，也不总是拥有相同的兴趣。当你和朋友想要参加不同的活动，或者对问题有不同的看法时，学会如何处理分歧可能对你有所帮助。

如果你的选择大多是"c"，那么你已经对如何结交朋友和维护友谊有了深刻的理解。但请继续往下读，你肯定会有新收获！

杰瑞的故事

杰瑞今年10岁了，兴趣广泛，喜欢运动。他觉得自己很幸运，因为他有很多朋友，这些朋友可以在不同的时间陪他参加各种各样的活动。他告诉妈妈："我不苛求朋友完全和我一样，喜欢我喜欢的一切。如果他们刚好也喜欢其中的一项或几项活动，那就最好不过了。但是，他们必须友善，乐于助人，不能嘲笑和欺凌他人，这些最重要。"

杰瑞和拉蒙一起打曲棍球，和史蒂芬一起打棒球，和史蒂芬、泽夫一起打篮球。他喜欢和玛姬开心地聊天，一起编写说唱歌曲。他还和丽贝卡、宝琳、马特奥一起表演戏剧。有时，为了让朋友开心，杰瑞乐于参加一些自己不太感兴趣的活动。他为选择和自己一样友善、懂得尊重他人的朋友而自豪。他的朋友们不会强迫他做任何让他感到不舒服的事情。他们相处融洽，在一起很开心，并且相互支持，相互包容。

- 如果你是杰瑞，你会和兴趣相投但不尊重你的人做朋友吗？
- 如果你的朋友邀请你参加一项你不喜欢的活动，你会怎么做？

创建友谊清单

一旦你知道看重朋友身上的哪些特征,寻找志同道合的朋友将变得更加容易。幸运的是,你可以拥有各种各样的朋友!下面有两份清单,分别列出了你可能对朋友抱有的期待。第一份清单列出了你可能想和朋友一起做的事情,第二份清单列出了你希望朋友拥有的个性特征。浏览这两份清单,把你认为重要的特征单独列在一张纸上,从而创建自己的友谊清单。

你可能想和朋友一起做的事情

艺术活动

我喜欢的运动项目

积极参加学校的各项活动

阅读和谈论书籍

看电影

演戏、唱歌或跳舞

玩桌游

烘焙或烹饪

缝纫或编织手工

参加学校社团

轻松聊天

玩电子游戏

参加志愿活动

使用社交媒体

聊一聊对某些事情的看法

热爱音乐

发挥想象力的活动

户外活动

> 学会维护友谊，并在独处时间与社交时间之间找到一个舒适的平衡点。

你希望朋友拥有的个性特征

外向

害羞或安静

放松且冷静

充满正能量

幽默

友善

尊重他人

自信

你父母喜欢的性格

有同理心

喜欢群体相处

喜欢一对一相处

会采纳你的意见

懂得妥协

值得信赖

不散播谣言

你是否创建了自己的友谊清单？如果你的兴趣爱好或欣赏的个性特征不在这两个清单里，你可以根据自己的实际情况自行添加到你的清单上！这可是属于你的清单。你也许会找到一个完全符合清单上所有条件的朋友，然而，就像杰瑞一样，你可能也想与很多人交朋友，他们每个人身上都有一些对你来说很重要的兴趣爱好或个性特征。

无论你希望朋友具备怎样的兴趣爱好或个性特征，在结交新朋友的过程中，你都应该牢记下面的关键事项：

- 他和你的价值观要一致，例如，他会如何对待别人，以及他会如何对待你。
- 认真想一想，他让你感觉舒服还是不舒服。
- 朋友必须尊重你。你和朋友在一起时要快乐。一个好朋友会让你更加自信，因为他会不断提醒你认识到自己的天赋、能力和成就。
- 想一想你是否愿意尊重这个人，他是否会关心别人，与他相处时是否感到愉悦。
- 当你想要深入地了解一个人时，他的个性远比他的兴趣爱好更重要。一位友善且懂得尊重人的朋友，更值得你信赖。

现在，你已经对理想中的朋友有了更清晰的认识！接下来，如果你们还不太了解彼此，你该如何判断对方是否符合你清单中所列的兴趣爱好或个性特征呢？那就是观察、聆听和了解。比如，观察对方在开玩笑时的行为，他是在嘲笑别人，还是觉得有意思所以开怀大笑？听一听他对同学或老师说的话，这些都能提供关于他性格的重要线索。他说话时有礼貌吗？他很粗鲁或自以为是吗？你可以当一名友谊侦探！通过这些细节来了解对方。记住，我们每个人都在通过自己的行为和对待他人的方式来展示自己的个性特征。

> 你和朋友在一起时要快乐。一个好朋友会让你更加自信，因为他会不断提醒你认识到自己的天赋、能力和成就。

现在，是时候深入探索并明确你喜欢的社交方式了，也就是你倾向于如何与朋友们共享美好时光，这将有助于你寻找到合适的朋友。

你喜欢哪种社交方式？

当你渴望结交新朋友时，想一想你喜欢哪种社交方式，这可以帮助你找到有着相似社交偏好的人。在与某个人的前几次交谈中，如果你觉得舒服，这往往就是你们成为好朋友的起点。不过，我们往往需要更多的时间来了解和适应别人。

为了更清晰地了解你的社交方式，请尝试问自己以下问题：

- 你希望朋友每天陪你，还是和他偶尔聚一聚？
- 你想找一群朋友玩，还是想找一位朋友深入交流？
- 你有足够的时间用来陪朋友吗？如果你确实很忙，忙于运动、社团活动、家庭聚会等，那么寻找拥有共同爱好的朋友可能会更加合适。

- 你喜欢通过社交媒体和朋友保持联系，还是约朋友参加线下活动？哪种方式对你来说更有吸引力？
- 如果有些人总是和你有不同的感受和想法，你还愿意和他们一起玩吗？

这些问题能成为你的社交指南，帮助你了解自己的社交偏好，寻找新朋友。有很多共同之处是建立友谊的好方式。不过，与相似之人建立友谊固然美好，但与不一样的人也能成为好朋友。比如，你倾向于一对一相处，而对方喜欢团体活动，如果你们愿意妥协，也可以成为朋友。与人相处需要灵活变通，有时要按照对方觉得舒服的方式进行社交。在和不一样的人建立友谊时，这种适度妥协和相互尊重非常重要。一旦习惯，你可能会发现新的社交方式同样能够令人舒适和愉悦。

生活中的社交圈

> 有很多共同之处是建立友谊的好方式，但不一样的人也能成为好朋友。

我们的生活里存在着不同亲密程度的社交圈。想象一下，你被许多同心圆环绕着，最中间的圆圈里只有你，因为你最信任和最了解自己。稍大一点的圆圈里是你相处融洽和信任的人。再大一点的圆圈里可能是一些泛泛之交，他们可能是你不太信任的人。一个人所处的圆圈并不一定说明对方好还是不好，只是反映了你和他们相处时的舒适度和信任度。

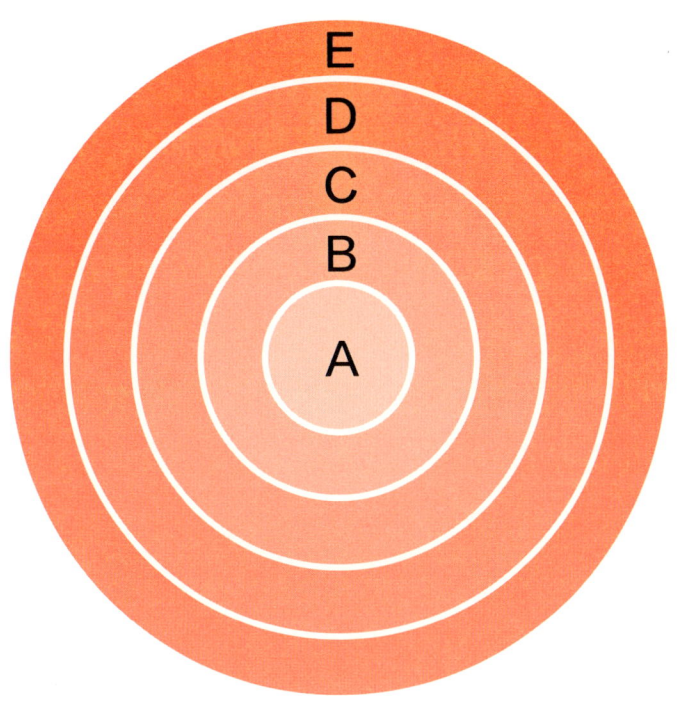

为了更好地了解你生活中的人,试着画社交圈。先画一个很小的圆圈,然后在圆圈里写上"我"。你每时每刻都和自己在一起,也最了解自己的感受和想法,希望你也能相信自己的判断,对自己充满信心。我们称这个圆圈为"A"。

接下来,在A圈的外围画一个稍大的圆圈,这就是"B"圈。在这个圈里,列出你信任的人(或宠物)的名字。当你觉得难过或尴尬时,你通常会向他们求助,他们可以是家庭成员、最好的朋友,也可以是你信任的医生和老师。

现在,在B圈的外围画一个更大的圆圈,这就是"C"圈。这个圈里的人是你有些喜欢和信任的人,不过信任程度不如B圈里的人高。也许你会和他们一起玩,但你并没有充分了解和完全信任他们。

上面的社交圈中还有另外两个圆圈(你可以根据自身需求,绘制包含任意数量圆圈的图表)。"D"圈里的人是你的泛泛之交,是你认识但尚未真正了解的人。那为什么要把他们列进来呢？因为你可能希望更好地了解他们，并且随着时间的推移，你们可能会成为朋友。

最后一个是"E"圈。E圈里的人是你现在想要跟他们保持距离的，也许他们对你百般挑剔，也许大家都对他们避而远之，也许他们伤害了别人。不必真的在这个圈里写下具体的名字，以防被别人看到，无意中伤害了他们。只要在心中记住这些人是谁就行了。此外，如果你发现自己判断错误，或者他们正在积极改变，并且你愿意给予他们成为朋友的机会，那么请保持积极开放的心态，将他们从E圈移到D圈。

你看懂了吗？现在想一想这些社交圈会如何帮助你交朋友。逐一审视每一个社交圈，并仔细考虑你的人选。你可能已经明白，哪些人是你信任的人，哪些人是你的朋友，以及你希望和谁进一步加深关系，成为更好的朋友。比如，你是否认为如果努力跟C圈和D圈里的人交往，他们有可能会成为你的好朋友？这也是使用社交圈信息来优化交友策略的一种方法。

随着时间的推移，你的社交圈也会发生变化。例如，你有一个从幼儿园起就结识的朋友，等你们长大了，虽然仍然珍视彼此，但已不再是最好的朋友，这在人际关系中是很正常的。不过，当你更新社交圈时，注意不要仅仅因为一件事的意见不合就冲动地把某个朋友从B圈移到E圈。面对分歧，要尝试通过沟通去解决问题。一旦分歧得到妥善解决，也许那个朋友最终会留在B圈。（在第四章，你将学习如何有效解决冲突和维持友谊。）

艾米丽的故事

11岁的艾米丽容易害羞，内向而文静。她有一位从幼儿园就认识的好朋友。随着年龄的增长，她们上了不同的学校。每当两家聚会时，她们仍然会一起玩。艾米丽喜欢和这位朋友玩棋盘游戏，还喜欢通过短信、电子邮件和社交媒体和她保持联系。

艾米丽渴望在新学校里交到新朋友，但她害怕和一群人一起玩。因此，她想通过社交媒体交朋友。她选了社会研究课，这个课程要求同学们分组合作完成项目。当老师让大家自行组成三人组进行线上合作时，艾米丽悄悄地问莎拉是否可以加入她的小组。她对莎拉有一点了解，因为她们曾经上过同一门艺术课。莎拉同意了，这让艾米丽既紧张又高兴。她们建了一个聊天群，经常在网上聊天。艾米丽逐渐了解了大家。现在，莎拉和艾比在学校里遇到艾米丽时，会开心地跟她打招呼。加入学习小组是艾米丽建立友谊的好办法，她决定继续深入了解这两位新朋友。

- 你找到适合自己的社交方式了吗？
- 找到适合自己的社交方式，是否能帮助你发现更多了解他人的机会？

当你思考自己的社交圈时，请随时与你信任的成年人进行讨论，这会让他们了解你对周围人的感受和看法。不过，最好不要与其他孩子分享这些信息。如果C圈的孩子得知自己不在你最亲密的朋友圈里，他们可能会感到受伤和被排斥。同样，如果一个朋友在B圈里，你认为可以和他分享社交圈的信息，但是会要求他保密，这会给他和你都带来保守秘密的压力！有时人们更愿意在脑海里思考每个社交圈里的人，而不是将他们的名字写下来。这样做的好处是，即使有人无意中发现了这个社交圈，也不会因为看到具体的名字而受到伤害。

一步一步慢慢来

建立和维护友谊是一个需要深思熟虑和积极行动的过程。认真想一想，你希望朋友具备哪些特征，这对你很有帮助。遇到问题灵活处理，你将能够保持开放的心态，接纳那些与你有所不同但能以积极的方式丰富你的生活的人。我们要一步一步地结交新朋友，也要思考如何成为别人的好朋友。在接下来的章节中，我们将详细探讨这两个重要话题，为你提供实用的建议和策略，帮助你在社交旅程中取得成功。

行动指南

想一想，你信任谁，喜欢和谁在一起（也许可以看看你在B圈和C圈中列出的名字）。为什么你喜欢和这些朋友相处？他们身上有哪些特征让你感到舒适和快乐？一旦你明确了喜欢他们的原因，你就可以依据这些特征去寻找类似的新朋友。同时，不妨尝试去了解与你或你当前的朋友不同的人，他们可能会给你带来全新的生活或社交体验。在建立友谊的过程中，确保双方都能够相互尊重和支持。这意味着不仅要寻找友善和支持自己的人，也要确保自己以同样的态度对待他人。

第二章

如何
交到好朋友

有的孩子很容易就能交到朋友，而有的孩子很难交到朋友；有的孩子很容易融入集体，喜欢和其他孩子一起玩耍，而有的孩子则内向和害羞，可能更喜欢在一旁看着，而不是加入他们。想一想你结交的朋友：你最初是怎么认识他们的？你们很快就成了朋友，还是需要一些时间？不管你的性格特点或社交风格如何，本章都将引导你思考过去是如何结交朋友的，以及如何建立新友谊。在继续阅读之前，请尝试做一做下面的小测验，它会帮助你了解自己的交友方式。

小测验

1. 如果你大部分时间都在家里，也不通过社交媒体联系别人，那么交朋友就会很困难。那现在：

    a. 你喜欢独处，出门交朋友让你倍感压力。

    b. 你渴望和别人建立联系，但不知道该怎么做。

    c. 你很想结交更多的朋友，也在思考交什么样的朋友。

2. 你观察过身边同龄人的行为吗？他们中的一些人可能会成为你的朋友！你觉得呢？

    a. 没有观察过，我不想让自己看起来像一个爱管闲事的人。

    b. 我有时会观察周围的人，但我更专注于正在做的事情。

    c. 我观察过，这可以帮助我弄清楚哪些人是我更想要深入了解和交往的。

3. 迪米深吸一口气，鼓起勇气问哈罗德周末要不要一起去集市。哈罗德说："对不起，我周末有事，去不了。"如果你是迪米，你会：

    a. 觉得哈罗德明确表示了不想去，所以你决定以后再也不邀请他了。

    b. 理解哈罗德可能真的很忙，所以没有时间去，但你们以后可能会成为朋友。

    c. 觉得哈罗德周末可能很忙，或者不喜欢去集市。你会问他对什么活动感兴趣，将来有时间是否愿意和你一起参加这个活动。

4. 想一想你希望和什么样的人做朋友。你在寻找：

    a. 一个和你个性、兴趣爱好完全相同的朋友，这样你们很容易相处。

    b. 这样的友谊：只有朋友同意做你喜欢的事情时，你才愿意和他们相处，因为你不愿意尝试新事物。

    c. 和你有共同爱好但也会带你尝试新事物的朋友，他尊重你，让你感到舒服。

5. 你想了解别人，也想让别人了解你。你：

    a. 不知道该怎么做，否则早就采取行动了！

    b. 意识到需要主动接近他人，但不知道如何开始和别人聊天。

    c. 知道说什么和做什么，比如，打招呼，称赞对方，甚至问对方周末喜欢做什么。这都会帮助你更好地了解他人，找到朋友！

测试结果

如果你的选择大多是"a",那么你可能因为不知道如何结交新朋友而感到焦虑和困惑。

如果你的选择大多是"b",那么你对交朋友已经有了一些自己的想法,知道做哪些事情可以了解别人。

如果你的选择大多是"c",那么你可能已经非常清楚如何交朋友,但你仍然可以在本书中获得一些宝贵的建议!

做好交朋友的准备

当你准备踏上结交新朋友的旅程时，你要先确信自己是一个值得别人去认识和深交的人。当别人发现你积极向上、自信满满时，他可能会被你吸引，渴望了解你。当然，自信不等于自大。我们要保持自信，也要待人友善！

如果你觉得自己很棒，并相信自己拥有别人喜欢的优良品质，那么你就已经踏上了结交新朋友的旅程；如果你缺乏自信，你要想一想如果自己成了别人的朋友，能为他人提供什么。试着列出你的长处和优点。每个人都有自己的独特之处！如果这依然不能提升你的自信，你可以找一个值得信赖的成年人（也许他就在第一章提到的社交圈中的B圈）聊一聊，寻求他的帮助。在建立自信的过程中，请记住你的长处和优点，以便日后与朋友分享。

建立自信后，再想一想你经常接触的小伙伴。回顾一下你之前在社交圈的C圈中列出的名字，你现在想和他们成为朋友吗？如果你的答案是肯定的，那么你已经完成了两个重要步骤——你比以前更自信了，也确定了你想要进一步了解的人。

去哪里找朋友

那应该去哪里结交新朋友呢？先列出你感兴趣的活动或社团，然后问问自己，这些群体中是否有可以成为朋友的人。一旦确定了名单，你就可以尝试接近他们，比如，跟他们坐在一起，主动分享资料，或者一起做一个项目。许多创造性的方式可以帮助你开启对

> 当你准备踏上结交新朋友的旅程时，你要先确信自己是一个值得别人去认识和深交的人。

话。如果你在活动中没有遇见想深入了解的小伙伴，那也没关系。回顾你在第一章中画的社交圈，找找C圈里的名单，或者重新列出你想深入了解的同学或同一个社区的孩子的名字。

如果你没有参加过任何社团或活动，你现在可以想一想自己的兴趣所在，比如体育、绘画、音乐等。即使你很害羞或更愿意独处，也可以尝试走出舒适区，加入一个社团或者参加一项活动，不必长期参加，只是为了体验和了解。你可以先跟社团或者活动负责人谈一谈，了解更多信息。如果你觉得很有趣，可以进行积极的自我对话，说服自己去试试。积极的自我对话就像在给自己打气，比如："我觉得我可以！""如果我去试一试的话，我会玩得很开心，可能还会有好事发生！"

参加社团或活动并不是了解别人并结交朋友的唯一途径。你可以在校车上、餐厅里甚至在课间休息时与别人聊一聊。当你决定了要在哪里结交新朋友时，你就要多听听他们说的话，观察他们的行为，然后，想一想你想说什么。一旦你学会如何与别人打交道，你就可以为下一步做好准备：选择交谈的对象，并开始了解他们！

观察细节

在寻找新朋友时，要留意那些对方愿意与你交谈的线索。这些线索可能包括：

- 如果有人朝你微笑，这可能意味着对方愿意认识你！你可以回以微笑，甚至打个招呼。

- 如果有人与很多小伙伴互动，并且待人宽容，这可能意味着他乐于结识新朋友（包括你）！

- 如果你发现有些同学经常独来独往，这并不意味着他们很孤独。相反，这可能给你提供了一个很好的机会来接近他们，并开始一对一的交谈，这比在多人聊天中插话要容易得多。

- 如果有人的衣服上印着你喜欢的乐队或球队的图案，你知道你们可能拥有一个共同点。尝试向对方询问衣服的主题，以此开始对话。不过，如果对方说这件衣服是一件礼物或是哥哥姐姐的旧衣服，那么对方可能对这个话题了解不多，你也不必感到惊讶（或受挫），至少你开启了谈话！

- 注意你的潜在朋友对别人说的话（但不要偷听）。如果他们聊的内容恰恰是你感兴趣的，你可能已经找到了与潜在朋友开启对话或加入现有对话的方法。想一想你此刻该说些什么，还是等一等再说比较好。

不要急于求成

找到想深入了解的人后，就该考虑如何联系了。了解一个人需要时间，很少有人能在一夜之间将泛泛之交变成最好的朋友。花时间相互了解并建立信任非常重要。例如，对方和你一样喜欢收集棒球卡，你就知道你们可以聊些什么。真正的友谊是了解对方的兴趣和喜好，以及对方对你有怎样的感觉。

卡曼拉的故事

虽然卡曼拉在学校经常和同学一起玩，但她没有真正亲密的朋友。为了交一些新朋友，她认真想了想经常能见到的小伙伴。她觉得舞蹈班上的丹尼尔不错，决定要和她成为朋友。

卡曼拉决定在下一节舞蹈课时主动接近丹尼尔。丹尼尔在课堂上讲的任何笑话，卡曼拉都会积极回应。当大家准备学习新的舞蹈动作时，卡曼拉一定会站在丹尼尔旁边。有一次，卡曼拉甚至站在了丹尼尔和她的好朋友之间。下课时，卡曼拉走到丹尼尔身边，邀请丹尼尔下周末到她家玩。

丹尼尔翻了个白眼说："我很忙，去不了！"然后就走开了。卡曼拉很困惑。她觉得自己已经尽力去和丹尼尔交朋友了。

- 你能说出卡曼拉做了哪些可能让丹尼尔感到不舒服或生气的事情吗？
- 卡曼拉接下来可以做些什么来了解丹尼尔，同时又不会显得过于冒昧或者急于求成地建立友谊呢？
- 如果你想认识丹尼尔，你会采取哪些不同的做法？

如果你急于和对方建立联系，这可能会让双方都感到不知所措或困惑。幸运的是，交朋友没有时间限制。先聊一聊，看看情况如何。如果你觉得舒服，那么你们可能想在学校里一起做一个项目或参加校外活动。迈出第一步，接着走一步，再走一步。每次你们在一起时，你们都在了解彼此。久而久之，对方可能会成为你的朋友！

> 花时间相互了解并建立信任非常重要。

结交新朋友的技巧

那么，你如何才能开始了解一个人呢？从做你自己开始。做真实的自己，向别人展示你是谁以及你可以成为怎样的好朋友。以下是结交新朋友的一些技巧：

- 提供真诚的赞美，不要表现得太夸张。例如，如果有人在课堂上做了一个有趣的演讲，就直接夸奖其有趣即可，不用夸张地说："这是我听过的最好的演讲。"（除非的确如此。）
- 找到一个共同的兴趣，好好聊一聊。例如，如果你知道这个人喜欢篮球，而且你也喜欢，不妨问问他属于哪支球队，以及打球是纯爱好还是以后想参加篮球职业赛。
- 对他人表达友好要有边界感，不要冒犯到对方。例如，周一在学校见面时，可以问一个简单的问题："周末过得怎样？"
- 如果你和想要认识的人在同一个聊天群或社交媒体平台，请注意你的言辞，要尊重对方。在尝试交朋友时，消极的话语、嘲笑他人的行为会适得其反。

- 学会倾听。如果你经常打断对方的话，或者不认真听对方说话，这可能会让对方觉得你不想进一步了解他。
- 如果你有一个老朋友刚好认识你想结识的新朋友，问问你的老朋友，你们三个人能不能一起玩。
- 做一个友善和体贴的人。在结交新朋友时，友善和体贴对大多数孩子来说都非常重要。

在你尝试这些技巧时，请记住做真实的自己，并在结交新朋友时放慢脚步。

被拒绝，怎么办？

有时邀请对方一起做某件事会被拒绝，这通常会让人很难过。你可能不想再去了解对方了，也可能继续邀请对方，直到对方最终同意。

被拒绝的原因可能有以下几个方面：

- 对方不想和你一起玩，或者觉得你们没有任何共同之处。
- 对方觉得你俩还不太了解彼此，现在一起做事的"时机还没成熟"。如果你们是同学，可以先在学校里更好地了解彼此，然后再约校外活动。
- 对方不喜欢这项活动，换个活动可能就不会拒绝你了。
- 对方可能会认为你在开玩笑，因为你俩以前没有任何交集，所以你的邀请没有受到他的重视。

有时人们会说"不",因为他们真的不想成为你的朋友。这可能会伤害你的感情。你可能想知道自己哪里不好,也可能会退缩,并且因为过度紧张而无法再次尝试。如果对方明确拒绝你,这里有一些办法能帮到你。

- 想 想你为什么喜欢自己。做自己的好朋友,关注自己的优点、长处和性格特征,这些能帮助你交到好朋友。

- 想一想你为什么选择和对方交朋友,以及现在学到的知识是否会改变你的想法。也许对方现在只想和现有的亲密朋友一起玩耍,也许对方觉得你过于着急了,也许觉得和成绩好的人做朋友有压力。想一想你是否还愿意和曾经拒绝你的人做朋友,以后你可以再想想自己的决定。现在,你可能更需要找一个能接受你的朋友。

- 我们不可能和所有人都成为朋友。如果交友不成功,请查看你的交友方式是否过于仓促(参见前面提到的卡曼拉)。若方式是恰当的,你可以继续尝试结识其他孩子。

- 如果你因遭到拒绝而感到不安,那就停下来,休息一下,暂时不去交朋友。把时间和精力放在你喜欢的活动上。享受独处时光!休息过后,再试着去认识新朋友。

- 如果你没有办法克服难过、愤怒、尴尬或其他情绪,你可能把对方看得太重了。当时的拒绝不过是对方的一种反应或表达的一种观点。相信还有其他的人更适合做你的朋友。与你信任的成年人聊一聊,他们会帮助你渡过难关。

雅各布的故事

雅各布想跟大卫交朋友。在和大卫一起上科学课时,他注意到大卫经常穿运动衫,而且喜欢谈论与体育相关的话题。雅各布问他的父母是否愿意买四张棒球赛的门票,他认为大卫肯定愿意和他一起去看球赛。雅各布的父母同意了,他盼着那一天早点到来。

第二天,雅各布很高兴地去上学了。他一到学校,就立马找到大卫,邀请他去看两周后的棒球赛。大卫笑了笑说:"我没有时间去。不过,还是要谢谢你。"

雅各布遭到了大卫的拒绝。他相信自己已经尽力与大卫交朋友了,但没想到却失败了。他认为大卫不可能成为朋友,以后也不再主动邀请大卫了。雅各布不知道的是,大卫很高兴能收到邀请,但那天确实早有了别的安排。而且,大卫在几乎不了解雅各布的情况下,觉得和雅各布以及他的父母一起去看比赛有些不自在。

- 如果是你,你会怎样和大卫加深了解?
- 如果大卫拒绝你了,你会怎么做?

沟通不是一件容易的事情，但它是避免误解的关键。它可以帮助你理解"不"是意味着"现在不，但也许以后可以"，还是意味着"去找其他人做朋友"。当你一步步地建立新的友谊时，要保持开放的心态与他人沟通，并记得在这个过程中享受乐趣！

什么时候继续尝试交往

如果对方拒绝你，你也不要担心。在某些场合，对方可能刚好在忙。如果对方真的不想和你交朋友，只需记住你是一个有价值的人，有很多人愿意和你成为朋友。当你不确定时，下面的三个建议可以帮助你弄清楚什么时候要继续尝试，什么时候停止。

> 当你忙于结交新朋友时，请记住，其他人也可能想了解你。

- 如果你尝试与对方沟通，对方却走开了或用言语辱骂你，那你完全不值得与这样的人交朋友。你要找那些能欣赏你的朋友。努力交朋友是好事，但要交愿意尊重你的朋友。

- 如果你提出邀请，但对方礼貌地拒绝了，那过几天甚至几周后再试着邀请一次。你可能会得到不同的回应。如果你尝试了三次并听到了三次"不"，那么请暂停。下次对方可能会主动来接近你。你们现在不想一起玩，并不意味着以后不会成为朋友。

- 倾听对方给你的反馈。例如，如果你邀请对方一起玩电子游戏，而对方回答说："对不起，我不喜欢玩电子游戏。"请记住这一点，下次你可以邀请他做其他事情，或者征求他的建议。

别人也想认识你

当你忙于结交新朋友时，请记住，其他人也可能想了解你。如果有人以友善且积极的方式接近你，你就有机会展示自己并了解对方。例如，一位同学想麻烦你解释家庭作业的内容，而你耐心地去做了这件事，这样你不仅帮助了他，也向对方展示了你的体贴和热心。

交朋友可以是有趣和令人兴奋的，但有时也可能很难。当你经历这个过程时，要勇敢做自己，努力做一个自信的人，并善待和尊重他人。行为正直，乐于助人，让身边的人感到快乐和被重视，这些都在向他人表明，你是一个值得信赖和依靠的朋友。

行动指南

观察你周围的环境,你能找出一到两个可能在学校、体育比赛或社团中相处融洽的小伙伴吗?试着随意地与他们聊聊天。你可以询问他们参加这项活动多久了,告诉他们你参加过什么有趣的活动,或者只是轻松地谈论你这一天过得怎么样。你可能还想给予对方真诚的赞美。比如,在艺术社团,你可能会想跟对方说:"哇,这是一幅很棒的画!你是怎么学会画画的?"与对方建立联系可能需要一些时间和功夫,但是当你交到一群值得信赖的亲密朋友时,这一切都是值得的。

第三章

好朋友是
什么样的?

你可能已经对理想中的朋友形象有了清晰的认识，并开始思考如何结交朋友，但你是否曾深入考虑过，你想成为一个怎样的朋友？在建立友谊的过程中，我们期望在他人身上发现的品质，同样应该是我们自己所具备的品质。这是一种相互吸引和相互塑造的过程。

在这一章中，你将有机会思考如何才能成为一个值得信赖和关心他人的朋友。一个好朋友通常具备友善、尊重他人等品质，并且愿意在关键时刻挺身而出。也许你对"挺身而出"这个词还不太了解，它实际上是指那些在看到不公正现象时，勇于站出来维护正义，为受到不公待遇的人或群体发声的人。随着本章内容的深入，你将有机会进一步探索如何成为一个勇敢的挺身而出者。

在我们继续阅读之前，请你花几分钟时间回答下一页的问题。这个小测验将帮助你思考希望成为什么样的朋友：如何通过言行向他人展示真实的自我，如何看待挺身而出的人，以及如何处理与好朋友之间的竞争关系。这些问题将帮助你更深入地了解自己在友谊中可能扮演的角色。

小测验

1. 你和朋友一起走在上学的路上，她不小心滑倒在泥坑里。你注意到她很不高兴。她回家换衣服了，你继续去学校。到了学校之后，你：

a. 兴奋地向他人讲述路上的意外，你们一起哈哈大笑。你觉得分享这件有趣的事情没问题！

b. 意识到你的朋友会感到尴尬，所以你没有把这件事告诉任何人。

c. 意识到你的朋友会感到尴尬，所以你保持沉默，但私下给你的朋友发短信，表达你的关心和担忧。

2. 在课间休息时，你注意到有人因为在数学课上的发言而遭到了嘲笑。你也知道他经常被别人嘲笑和排斥。你：

a. 觉得他应该学习如何更好地与人交往，因为他只和老师交流，而忽略了同学们，对此你也对他很失望。

b. 感到难过，因为他很孤独，经常被人嘲笑，但你也不知道怎么办。

c. 决定站出来维护他，告诉别人不能嘲笑他。第二天早上你看到他时，你会主动跟他打招呼。

3. 你的朋友告诉你,他没有入选国际象棋队,感到很失望。你:

　　a. 很高兴你俩终于有更多时间可以一起玩了,因为他不用进行象棋训练了。你选择忽略他的感受。

　　b. 理解他为什么不开心,但不知道该怎么办,所以选择了沉默。

　　c. 理解他为什么不开心,并告诉他你会支持他。你的确喜欢他有时间和你一起玩,但你不想看到他难过和失望。

4. 你知道你的朋友很有才华,然而,当她偶尔尝试一些颇具挑战性的事情时,会感到困惑和沮丧。你:

　　a. 知道她在很多方面都很出色,偶尔遇到困难对她来说也是一件好事,这有助于她成长。

　　b. 想帮助她感觉好一些,但你担心过多的鼓励会让她变得自负,所以你选择了保持沉默。

　　c. 不想看到她沮丧,所以分享了自己遇到困难的经历,并且提醒她发现自己的长处和优势。你知道,如果将来你需要帮助的话,她也会帮助你!

5. 你发现朋友在与你有约的那天去了别人家。她事后道了歉,并解释说她忘记了,并非有意要伤害你。你:

   a. 马上结束友谊。谁想要一个不守承诺的朋友?
   b. 不确定是否还能信任她。你决定也不守承诺,看看她会怎么做。
   c. 真的很珍惜这位朋友。她以前从未食言,平时也很值得信赖。你告诉她,你原谅了她。

测试结果

如果你的选择大多是"a",那么在处理自己的情绪(比如,伤心)时,你可能很难表现出对朋友的理解和关心。

如果你的选择大多是"b",那么你通常能理解他人的感受,但可能需要学习如何更有效地支持你的朋友或同学。

如果你的选择大多是"c",那么你可能已经知道如何成为富有同情心的朋友和挺身而出的人!在接下来的阅读中,你将有机会进一步学习如何成为一个好朋友的重要技巧。

好朋友有哪些特征

尽管每段友谊都有独特之处，但成为一位好朋友还是有一些普遍适用的技巧。以下是一些能证明你可以成为亲密且值得信赖的朋友的方法：

- 拥有同理心和善意。
- 在他人受到嘲笑或不公正对待时，勇敢站出来制止。
- 尊重他人。
- 建立信任。
- 学会感恩。
- 避免控制别人。
- 学会原谅，尤其是小错误。
- 考虑解决重大失误的可能性。
- 公平竞争，不要让竞争破坏友谊。

通过这些积极的行为，你可以和他人建立起牢固的信任和联系基础。善良和值得信赖的品质可以帮助你建立良好的友谊，解决与朋友之间的问题。接下来，让我们更详细地了解这些方法。

拥有同理心和善意

同理心，简而言之，是指你能理解别人的感受和观点。即使在类似的情境下，你的感受可能和别人的有所不同。例如，如果有人

> 善良和值得信赖的品质可以帮助你建立良好的友谊，解决与朋友之间的问题。

说你的衣服看起来皱巴巴的，你可能会觉得好笑，但你的一些朋友可能觉得这样的评价很伤人。如果你关心这些朋友，你就要避免对他们做出这样的评价，并阻止其他人这样做。如果你察觉到朋友的感情受到了伤害，你也可以安慰他们。

拥有同理心和善意并非易事，它要求我们时刻关注别人的感受。想象一下，如果你很希望朋友和你一起去看某部电影，但你知道他并不感兴趣，你会想办法强迫他去看吗？如果你俩互换角色，你的朋友忽视你的意愿，你会有何感受？

同理心和善意是发展友谊的关键因素。如果你表现出对朋友的支持和关心，人们会更容易看到你的善意，认为你是一个值得信赖和依靠的人。

做一个挺身而出的人

如前所述，挺身而出的人会站出来为他人发声，制止嘲笑行为，致力于为周围的人营造更加和谐友善的环境。他们能够敏锐地识别出哪些场合有人需要帮助，或者发生了嘲笑、排斥等欺凌行为，然后想办法提供帮助。这并不容易，但请记住，挺身而出并不意味着你必须亲自介入冲突。有时候你直接介入可能会受到伤害，而告诉成年人是最好也是最有效的方式。

如果你觉得自己处于一个安全的环境中，想要直接介入，以下是一些实用的方法：

- 保持冷静。
- 尊重每一个人。
- 记住，不同的人可能对同一件事有不同的看法。
- 转移欺凌者的注意力，尝试沟通或提出解决方案。
- 与被欺凌者待在一起，在群体中的人更不容易被欺负。
- 如果你不确定如何帮助处于困境或长期遭受欺凌的人，请告诉成年人。

有时，学会向成年人求助很重要，尤其是当有人遭受欺凌或受到伤害时。在这种情况下，为了帮助被欺凌的人，就要将事情告诉成年人，请成年人帮忙。请尽量清晰客观地陈述事实，避免加入个人猜测。这样可以确保你提供的信息准确无误，有助于成年人有效处理问题。

你可以在学校或任何你喜欢的场合做一个挺身而出的人。你甚至可以发起一项公益活动，邀请你的朋友加入，让他们也能意识到自己拥有挺身而出的勇气和决心！共同的目标和行为可以让人们更好地了解彼此，这也是建立友谊的好方法。

尊重他人和建立信任

那么，你如何才能了解一个人呢？从做你自己开始。做真实的自己，向别人展示你是谁以及你可以成为怎样的好朋友。以下是结交新朋友的一些技巧：

- 说"请"和"谢谢"。
- 在他人需要时提供帮助。例如，当你进餐厅时为他人扶着门，或在车上给有需要的人让座。
- 宽容别人，接纳与你不同的人。
- 当别人表现得与众不同或犯错时，不要嘲笑他。
- 倾听他人。

值得信赖意味着人们可以依靠你。建立信任需要时间，但这对于任何关系的稳固都是至关重要的。想一想你信任的人，他们所展现的哪些特质让你安心，确信他们值得信赖。现在，想一想你如何才能展现类似的特质，以便他人可以信任和依赖你。以下是赢得信任的一些方法：

- 坚守承诺。如果你答应别人一件事，就要努力做到。
- 时刻都要尊重别人。
- 避免在背后议论别人。潜在的朋友可能会觉得，如果你会说别人的坏话，也可能说他们的坏话。

这些看起来都是常识。然而，即使是最有爱心的人有时也可能在不经意间表现出不尊重他人或违背承诺的行为。了解应该做什么固然重要，但同样关键的是了解自己的行为模式。这种自我认知将帮助你识别并改正任何不尊重他人和失去他人信任的行为。

贾斯珀的故事

12岁的贾斯珀想让世界充满爱心和友善。在与父母讨论了他可以为这个梦想所做的事情后,他决定做一个挺身而出的人。

有一天,他在校车上看到几个六年级的学生乱扔一个四年级学生的背包。这个四年级学生因为常常打小报告而遭到同学们的嘲弄。贾斯珀此前也跟父母说过,这个男孩想成为"校车警察",会向老师报告所有违反乘车规定的行为。贾斯珀知道这引起了很多孩子的不满。

贾斯珀决定挺身而出,他捡起男孩的背包还给了他。六年级的学生对贾斯珀的干预表示不满,但贾斯珀说:"我们没必要因为这件事让校车司机生气,他已经警告我们不要再闹了。"六年级学生接受了他的观点,最终,所有人都安静地坐了下来。

贾斯珀很高兴这个办法行得通,但也意识到需要更长远地帮助这位四年级的学生。贾斯珀在他旁边坐下来,说大家捉弄他,是因为不喜欢打小报告的人,尤其是危险的事情并没有发生,而且校车司机也注意到了这些行为。贾斯珀建议他和一个看起来很孤独的孩子聊聊天。他采纳了贾斯珀的建议,最后和校车上几个小一点的孩子成了朋友。

- 如果你看到一个小孩子受到欺负,你会怎么做?
- 你能在保持冷静的同时坚持正义吗?

不要控制他人

想象一下，如果必须完全按照对方的要求去做才能成为他的朋友，那你想拥有这样的友谊吗？多数人都希望自由地做自己，自主地做出选择，而不是被迫在友谊中迎合对方的期望，按照对方要求的方式去思考和行动。

如果在这段友谊里，你们关心和接纳彼此，并且喜欢在一起，那么就要学会妥协并灵活处理问题。例如，某一天你的朋友决定去溜冰，但你不喜欢溜冰，你可以选择不去，之后可以找一项你俩都喜欢的活动。如果你愿意尝试新事物，也可以选择加入，即使这不是你最喜欢的活动。妥协意味着你愿意灵活变通，为了让对方开心做出一些让步。但是，妥协不等同于无原则的迁就。在涉及潜在危险或者明知有危险的事情上，你绝对不能妥协。

> 如果在这段友谊里，你们关心和接纳彼此，并且喜欢在一起，那么就要学会妥协并灵活处理问题。

学会原谅

我们都会犯错。有些错误可能微不足道，甚至可以忽略。比如，你的朋友忘了回复你关于数学作业的短信，那你可以再发一次短信，对方会意识到自己的疏忽，并为没有早些回复你而道歉，然后再把你所需要的信息发给你。对你们双方来说，这不是什么大事。

原谅别人犯的一些大错误，这可能比较困难。例如，这周末你和家人一起去度假，可你的朋友偏偏计划在这周末举办聚会。聚会对你很重要，你已经期待好几个星期了。但是，你很久以前已经告诉朋友，你这个周末没有空。在这种情况下，你可能会认为朋友故意选择你不在的时候举办聚会。面对误会，你冷静下来后主动找对方聊了聊，他告诉你确实忘记了你的计划，他误以为你下周末才外出。他的态度很诚恳，你能原谅他吗？

这里还有一些学会原谅别人的办法。

- 如果错误真的源于疏忽，试着去理解它。若你知道对方不是故意的，并且他确实在乎你的感受时，你会更容易原谅他。

- 诚恳地和朋友谈一谈，记得要冷静，尊重对方，表达清晰，倾听对方的回应。你将在下一章学习如何做到这些。

- 如果你的朋友认为这只是个小错误，但你不同意，请告诉对方你的感受。分享你的感受会让对方更好地理解你的立场，但要避免用指责的语气。

- 和你的父母或其他可信赖的成年人聊一聊，问问他们认为你是否可以原谅对方。如果你选择与另一位朋友谈一谈，要确保你的言辞不会让人觉得你在说朋友的坏话。

- 如果你们一直相处得很好，那么请努力克服错误带来的负面影响。想一想，你喜欢这段友谊的哪些方面，并与对方分享。然后，以平静且尊重对方的方式询问，你们是否可以聊聊如何解决问题。找一个双方都可以专心聊天的时间，你们也许可以想出一个很棒的解决方案！

西蒙娜的故事

10岁的西蒙娜活泼开朗，有很多朋友。可是，西蒙娜最近被好友佩妮惹恼了。她俩曾经有许多共同爱好，但佩妮最近开始学习拉小提琴和打网球，她们的兴趣开始出现分歧。

西蒙娜对此很失落，也很烦恼。她没有与佩妮沟通自己的感受，反而对其他朋友说佩妮的坏话。西蒙娜说："佩妮跑不快，踢不好足球，所以她现在去打网球了。"当另一个朋友尝试为佩妮辩护时，西蒙娜生气了，还沮丧地翻了个白眼。

很快，西蒙娜发现有些朋友不再像以前一样跟她一起玩了，而佩妮比过去更受欢迎了。所有的朋友似乎都更愿意和佩妮玩。西蒙娜对此感到困惑和沮丧，却未意识到朋友们因为她不尊重佩妮而感到不满。朋友们觉得她不值得信任，他们担心，如果西蒙娜会说佩妮的坏话，那么她以后也会对他们做同样的事情。

- 如果你的朋友决定参加那些你不想参加的活动，你觉得很受伤，那你会怎么做？
- 你认为西蒙娜应该和佩妮分享她的感受吗？如果应该的话，她应该怎么说？

请记住，每个人都会犯错，这可以帮助你原谅对方，同时，你也可能在某个时刻需要得到他人的原谅。无心之过和故意伤害有本质的差异。以积极的态度去原谅他人的错误或解决分歧，可以增进你们的友谊。本书第四章会重点介绍解决分歧的办法。

不要让竞争破坏友谊

竞争可能是一件好事，它会激励人们努力工作，并在特定领域或活动（如运动、烘焙、数学或拼写）中做到最好。有时，竞争也是一种挑战，如果你正在与朋友竞争并且你们都非常想赢，那么你们可能很难做到互相支持。如何在全力以赴争取胜利的同时，也为朋友加油呢？如果你赢了或者输了，你会怎么做？下面的方法可以帮助你公平竞争，成为有风度的竞争者。

- 保持友善和尊重。
- 全力以赴，同时支持朋友。你的朋友可能会因为失败而感到沮丧，但这并不妨碍你尽最大的努力去争取胜利。关键是无论结果如何，你都要支持和鼓励朋友。
- 坦然接受失败。如果朋友非常努力并赢得比赛，你可能会输，这也没有关系！
- 做一名体贴的赢家。如果赢了，不要炫耀。要向朋友表明，你在意他的感受。
- 做一名有风度的竞争者。即使你输了，也不要表现出愤怒或嫉妒。请记住你们都尽力了。
- 重视友谊。友谊比竞争更重要，你们首先是朋友，其次才是竞争对手。

> 当一个人的能力或特殊品质得到他人的认可时，大多数人都会感到被欣赏和被支持。

如果你赢了，你自然开心，想把获胜的消息告诉每一个人，但是试着想想你的朋友会有什么感受；如果你输了，那么你感到难过、失望甚至沮丧，这是人之常情。感觉不分对错，但是你如何应对这些情绪却会对友谊产生影响。输了还要支持和称赞朋友，这并不容易，但认可对方的胜利并表示祝贺对维护友谊至关重要。这不仅展现了你作为竞争者和团队合作者的风度，也证明了你是一位体贴的朋友。然后，尝试与父母或其他可信赖的成年人分享你的感受，这有助于你更好地处理挫败感。希望这些都可以帮助你正确面对输赢，真心祝贺朋友赢得比赛。如果你赢了，你也会希望朋友这样做，对吗？一旦你用积极的心态去面对失败，将注意力转移到个人成长和技能提升上，你和朋友就不再仅仅是竞争关系，而是相互学习、共同进步的伙伴关系了。

行动指南

你最近一次称赞朋友是什么时候？当一个人的能力或特殊品质得到他人的认可时，大多数人都会感到被欣赏和被支持。想一想你的朋友，你能想到他们各自拥有的才能或长处吗？当你们一起学习时，你可能会发现，有的朋友很擅长数学，有的朋友向你展示了令人惊叹的素描画。赞美朋友要真诚、具体、清晰，不应期待得到对方的回报。通过称赞朋友的优点，你不仅展现了自己是一个充满爱心和支持朋友的形象，也让对方感到你非常欣赏他。

第四章

遇到分歧,怎么办?

朋友之间有时会发生分歧，甚至是激烈的争论。朋友之间的矛盾冲突会伤害彼此的感情，甚至导致友谊的结束。知道如何应对这些压力情境是很重要的。掌握正确的应对方法不仅能帮助你妥善处理友谊冲突，还能使你们的友谊变得更加坚固。

在本章中，你将学习如何以尊重彼此的方式解决问题，以及如何化解冲突。这些技能决定了你能留住朋友还是失去朋友。

在开始之前，先做一个小测验。它将帮助你思考如何处理冲突。你的选择没有对错之分，这只是帮助你评估在面对冲突时是否具备了必要的应对能力，或者是否需要学习更多的技巧，以便在将来遇到冲突时能够更加从容和有效地应对。

小测验

1. 你和好朋友通常在课间休息时打篮球，可是，他最近课间休息时喜欢坐在凳子上跟人聊天。那你会：

    a. 对他说："别坐在那儿聊天了。你怎么这样啊？"

    b. 跟他聊天，但告诉他聊天不是你最喜欢的课间休息方式，你希望做些别的事情。

    c. 告诉他，你有时会跟他聊天，但大多时候你更喜欢去打篮球，希望你们课间休息时还能一起打篮球。

2. 你发现最好的朋友邀请了另一位朋友去了天文馆，你感到被排斥了。那么你：

    a. 决定不邀请她参加你即将到来的生日聚会，你希望她像你一样感到被排斥。

    b. 给她发短信，让她知道伤害了你的感情。当她回短信时，你却没有任何回复。你不知道该如何解决这个问题。

    c. 和她聊一聊，说你因为她没有邀请你而很失望，然后你听听她的解释，看看是否有办法解决问题。

3. 当你的朋友笑着说:"你的计算机课作品有一种极客风格。恭喜你!"你很惊讶,你:

   a. 觉得他在嘲笑你。你也嘲笑他:"你那次考试居然没有得100分。"
   b. 发现自己不明白他的意思,也不知道该如何问他。你假装他从未说过这样的话,还和他继续做朋友。
   c. 找个时间和他聊一聊。你得知他说的"极客风格"和其他人说的"出色"的意思一样,你感到很欣慰。

4. 一个朋友告诉你,你的好朋友妮娜很生气,因为你在学校和别人一起笑,却没有告诉她有什么好笑的。你会:

   a. 因为妮娜需要知道一切而生气,所以故意和别人谈笑风生,让妮娜知道你不会和她分享一切。
   b. 告诉妮娜你不是在嘲笑她。你觉得自己不需要做任何事情来让妮娜感觉好一点。
   c. 与妮娜聊一聊,听听她生气的原因,并尝试一起解决问题。

5. 当你和父母发生争执时,你的朋友刚好在你家。虽然你的父母平静地跟你说话,但你真的很生气,对他们大喊大叫,并摔了卧室的门。你对朋友说:"我父母是不是很讨厌?"你的朋友说你可能反应过度了。那你会:

a. 告诉他说错了,以后再也不跟他做朋友了。

b. 告诉他,你不同意他的说法,但你能理解他的想法。你试着冷静下来,好好跟朋友玩。

c. 听取朋友的观点,并说你会认真考虑。你觉得坦诚是友谊的重要组成部分,你很高兴他很信任你,对你足够坦诚。

测试结果

如果你的选择大多是"a",那么你在和朋友遇到分歧时,可能不知道怎么办。本章有很多方法能够帮到你!

如果你的选择大多是"b",那么你已经知道如何解决分歧,同时持续寻求更有效的方法。

如果你的选择大多是"c",那么你已经非常了解如何以尊重他人的方式化解分歧。但是,当你继续阅读本书时,你可能会学到一些新技巧!

你应该说出来吗？

你可能听说过，表达自己的想法和通过沟通解决问题是有益的，但并不是所有的情况都适合这样做。有时候，保持沉默可能是更明智的选择。

想象一下，如果你因为一位朋友说话时的手部动作，或者一位朋友的穿衣风格感到尴尬，你应该告诉他们你的想法吗？有时当你这样做的时候，你最终可能会让朋友觉得被羞辱了。因此，说话要三思而后行，这很重要。

在决定是否与朋友分享你的想法时，请考虑以下三点：

- 这个问题是否重要到需要去讨论？这个问题让你受到伤害了吗？例如，你的朋友认为拍打你的后脑勺来打招呼很有趣。
- 这个问题是否影响了你们的友谊？例如，你的朋友突然在课间休息时不和你一起玩了，而你不知道为什么。
- 你的朋友是否对待他人不太友善？你想要成为一个挺身而出的人，但也想和他保持朋友关系。

如果以上问题中的任何一个答案为"是"，那么你就有充分的理由把想法说出来。但是，如果你尝试改变朋友无法控制或乐在其中的事情，例如他们走路的方式、个人喜好（如穿衣风格）或者他们喜欢但你不喜欢的事情，你的朋友可能不愿意改变。重要的是，你要知道，你的朋友总会与你在某些方面不同。这并不意味着他们错了，而只是表明每个人都是独一无二的。接受差异是结交朋友和维护友谊的关键！

积极沟通的技巧

当你与朋友发生分歧并想好好聊一聊时，你可以采用一些技巧来提高解决问题的可能性。不过，在开始对话之前，请想一想你和朋友都愿意并乐于讨论这个分歧吗？如果答案是否定的，你可能需要向一个值得信赖的成年人寻求帮助，了解如何让你们都愿意去聊这件事。之后，你们就可以讨论这个问题了。以下是朋友之间沟通时需要考虑的一些要点：

- 你的朋友也认为你们之间存在分歧吗？如果答案是否定的，请冷静地告诉你的朋友，你心里不舒服，认为有必要把事情说明白。尽量不要因为你的朋友没有注意到分歧的存在而生气或沮丧。有时候，朋友可能根本没觉得它是个问题。
- 如果你和朋友都认为需要聊一聊，那就找一个相对宽松的时间，你们就有足够的时间来交谈、倾听彼此的想法。如果时间太紧张，可能难以把问题说清楚。
- 如果可以，请私下交谈。如果周围有别人，他们可能会尝试站队或加入自己的观点。这可能会分散你们的注意力并转移谈话的重点。

当需要沟通时，你或朋友可能会感到紧张。这都没关系。沟通的时候要尊重对方，采用平静的语气，以促进谈话顺利进行。沟通前可以约定一些规则，比如，不要相互指责，不要打断对方的话。

萨莎的故事

12岁的萨莎听安妮说,当她在体育课上踢球时,她的好朋友坦尼娅还嘲笑她。这让萨莎很难过,也很生气。萨莎感谢安妮把这件事告诉了她,因为感觉受伤害了,所以躲着坦尼娅。

在向父母倾诉这件事后,萨莎决定和坦尼娅谈谈。她原想结束友谊,或跟别人一起嘲笑坦尼娅。但她的父母说,她应该设法解决矛盾,而不能伤害他人。萨莎同意了他们的观点,并意识到她也不想故意让别人不开心。

第二天早上,萨莎给坦尼娅发短信,约她在上课前聊一聊。看到坦尼娅时,萨莎想起了父母的忠告。她保持冷静,还提醒自己坦尼娅并非有意伤害她的。她说:"我听说你可能做了一些伤害我感情的事情,我们可以找个时间聊一聊吗?"

坦尼娅似乎很困惑,但还是同意了。她们约定放学后私下聊一聊。当坦尼娅听到安妮告诉萨莎的那些话时,并没有否认。她哭着说:"我当时其实在笑很多人,包括我自己,说我们踢球都不怎么厉害。我很后悔,也很抱歉!"

萨莎是否接受坦尼娅的道歉呢?萨莎觉得坦尼娅态度诚恳,且承诺再也不会发生类似的事,而且她表示无意伤害萨莎。两个人拥抱,问题迎刃而解!

- 如果你是萨莎,你会和坦尼娅聊一聊发生的事情吗?
- 如果你是坦尼娅,你会承认自己的错误并努力改正吗?
- 如果你是安妮,你会告诉萨莎发生了什么事吗?

当你因为感情受到了伤害而生朋友的气时，你可能很难保持冷静。在情绪激动时，你可能无法遵守曾经的约定，从而和对方发生激烈的争论，比如大声争吵，说出伤害对方的话。在这种情况下，你们最好停下来，换个时间再谈。这样你们都有时间冷静下来，重新审视你们的友谊。稍后，如果双方都同意，你们可以再聚在一起聊一聊。

如果你觉得需要帮助才能冷静下来，请试一试下面的这些方法：

- 用鼻子慢慢吸气，保持3秒钟，然后用嘴慢慢呼气，这样做3~4遍。
- 想象一个能让你平静下来的场景，比如你最喜欢的度假胜地，在脑海中保持这个画面。
- 从你的前额开始，并沿着身体向下一直到脚趾，收紧然后放松你的肌肉。在身体的各个部位，花1~2秒使肌肉紧张，再用1~2秒使肌肉放松。慢慢来，不必因为过于紧张而感觉不适或疼痛。专注于此过程，可以帮助你放松下来，让身体不再紧绷。
- 提醒自己，大声争吵可能会让对方无法很好地理解你。
- 想一想你希望朋友怎样对待你，并尝试以这种方式对待你的朋友。
- 在你和朋友交谈之前，做一些能让你快乐和放松的事情，比如运动、听音乐或读一本好书。
- 向值得信赖的成年人寻求其他解决方案。

如果你和朋友能够保持冷静，相互尊重，你们就能更好地倾听彼此的观点，想办法解决矛盾。

当你和朋友准备好开始沟通时，请尝试以下步骤：

1. 决定谁先说话。记住，如果你俩同时说话，你们都无法真正倾听对方的想法。

2. 一个人说话后，另一个人复述刚才听到的内容。这很重要，因为有时候人们听到的是一回事，而说话者的意思可能是另一回事。

3. 如果听者误解了说话者的想法，那么说话者应该澄清自己的观点。

4. 接下来，轮到另一个人说话，重复步骤2和3。

5. 每个人说话时，都要尊重对方，说清楚自己认为发生了什么事，以及是怎么想的。例如："我不想忽略你，我只想找个方法认识新朋友。当我和他一起玩时，你走开了。"对方可能会回应："我以为你只想和新来的孩子一起玩，所以我走开了。"这样的对话有助于化解矛盾。原来一切矛盾都源于误解。

6. 与其指责你的朋友，不如关注你如何看待问题，它给你带来怎样的感受，以及你解决问题的决心有多大。你可以尝试一个叫作"我向信息"的方法。以下是一个基本的示例：

当____的时候，我感觉____，因为____。我想____。

如果以"你不应该……"这样的句式说话，这听起来含有指责的意味。步骤5的第2个说话者可以使用"我向信息"这个方法，他可以这么说："当你开始和那个新朋友一起玩时，我感觉被忽视了，我觉得受伤了，因为我感到被排斥了。我想像以前那样和你一起玩。"这些是表意明确的句子，不会对朋友进行言语攻击。

7. 请记住，有时道歉也是一种力量。如果你做了一些让自己后悔的事，承认错误并承诺以后会改正，这表明你是一个强大的人。如果你觉得没有做错任何事，你仍然可以为自己无意中让朋友难过而道歉。这会促使你们共同寻找解决问题的办法。

寻找解决方案

有时你可能会非常想和某些朋友结束友谊，因为他们做出了你不认可的行为，比如他们喜欢嘲笑别人。在结束友谊之前，你可以先尝试说服他们改正这些不良行为。他们之前可能没有意识到，这么做是不对的，并且会伤害到别人。你可以诚恳地跟他们谈一谈你的想法，再观察他们的反应。如果他们愿意改正，你仍然可以把他们当朋友。也许某一天，你们的角色会发生转换。朋友可能对你所做的事情感觉不舒服，而你可能没有意识到自己做错了。在友谊中，每个人都可能犯错，重要的是给予彼此一个机会，去反思和理解对方的感受，以及思考如何共同解决这个问题。

> 与其指责你的朋友，不如关注你如何看待问题，它给你带来怎样的感受，以及你解决问题的决心有多大。

有时，分歧很容易得到解决。每个人说清楚自己的想法和感受，然后发现存在的误会，之后选择解释或者道歉。不过有时候，化解分歧并不那么容易。无论如何，你都可以尝试与朋友沟通，并尽力解决问题。积极沟通和适度妥协是化解分歧的关键。

有时，你和朋友可能都需要适度妥协。你可能得不到想要的一切，对方也一样。彼此让步能够让双方感到满意和舒服。比如，你跟朋友约定每月至少有一次是只有你俩在一起玩，没有别人，其他时间可以跟许多朋友一起玩。

当尝试解决分歧时，你要对自己的情感承受能力和灵活性有一个清晰的认识。你要问问自己是什么问题让你如此烦恼，以至于你愿意为此失去朋友？你们是否能够达成双方都能接受的解决方案，从而保持这份友谊？面对分歧，我们应尊重对方，灵活地处理问题，并寻找双方都能接受的折中方案。这样做能够让友谊在经历挑战之后变得更加坚固。

肯和欧文的故事

肯和欧文是形影不离的好朋友。他们一起参加运动，一起玩耍，一起写作业。有一天，肯高兴地告诉欧文，他的父母给他报了艺术课。欧文听了很难过，因为他不喜欢艺术课，他想让肯跟他一起报冰球课。

肯认真地听取了欧文想报冰球课的理由，也说出了自己想上艺术课的理由。他们试着相互理解和妥协。肯说他可以今年上艺术课，明年上冰球课，但欧文不满意。

经过认真考虑，肯和欧文决定还是做好朋友，不让这件事影响友谊。他们约定，虽然他们会暂时分开去上不同的课程，但这并不意味着不愿意跟对方在一起。他俩最终都选择了自己喜欢的课程。

- 如果一个人坚持让朋友加入自己喜欢的活动，你认为他们的友谊会遇到哪些问题？
- 如果你和好朋友也遇到了类似的问题，你会怎么做？

无法达成共识，怎么办？

如果你和朋友都能认识到问题并且愿意共同解决它，这再好不过了。然而，如果你觉得存在分歧，而你的朋友似乎并未察觉，你可以主动表达自己的想法，并且感谢对方愿意倾听。这样，你的朋友可能会（也可能不会）意识到你是对的，或者，你可能意识到自己误解了朋友的行为。

> 请记住，有时道歉也是一种力量。

如果你们无法解决分歧，可以暂时放下争议，选择休战。你们认为这不是一个大问题，愿意为了维护彼此的友谊而让步，并且相信友谊的价值远远超过了分歧本身。通过这种方式，即使在存在分歧的情况下，友谊也有可能得到修复和保持。

在某些情况下，你可能不同意对方的观点，但决定继续保持友谊。这时，你需要思考一下，是必须得到一个道歉，还是倾向于超越分歧，努力挽救友谊。如果是后者，你可以与朋友就问题进行坦诚的对话，放下个人的情绪和执念，共同寻求和解，承诺在未来的相处中更加努力，避免同样的问题再次发生。虽然道歉是解决分歧的常见方式，但双方对未来的承诺更有助于建立信任，并为彼此提供了一个共同努力的方向。

每个人都有自己的兴趣和价值观。当朋友之间的兴趣和价值观出现分歧，或者一方受到了极大的伤害时，友谊就会面临挑战。例如，你的朋友不尊重你，在你说话时翻白眼，对你没礼貌，在学校经常忽视你。当你试图跟他沟通时，他不愿意倾听你的想法和感受。

那么，你应该怎么做？

如果发生这种情况，你可以这么做：

- 尝试暂时中断友谊。以后你们可能会再次成为朋友。
- 尊重对方。你可能想把绝交这件事告诉别人，并说服他们站在你这边。不过，尽量避免说对方的坏话，因为这会让事情变得更加复杂。
- 避免让其他朋友参与进来。例如，不能要求其他朋友只选择你当朋友。想一想这可能会让别人有怎样的感觉。
- 与值得信赖的成年人聊一聊。结束友谊可能是一个大损失。在做决定之前，请尝试征求成年人的建议。

在往后的生活中，如果你不确定自己是否可以继续信任这位朋友，或者对方的行为确实伤害了你的感情，请注意不要轻易将他视为永远的敌人。你可以将他移到你社交圈中的"泛泛之交"一类（请参看第一章），并思考将来是否想和对方再次建立友谊，即使新的友谊与过去的友谊略有不同。如果尝试了各种办法，问题仍然无法解决，导致你与朋友的关系彻底破裂，那也不要压抑自己的情绪，而是要积极找父母或其他值得信赖的成年人聊一聊。失去朋友是一个痛苦的过程，需要时间去接受和处理自己的情绪，并且重新规划没有这个朋友参与的社交生活。

朋友伤害了你，怎么办？

如果朋友背叛或伤害了你，你可能很难从中走出来。即使你尝试与朋友沟通，他也可能不愿意承认错误或者道歉。即使他真的道歉了，你内心的痛苦、悲伤或愤怒可能仍旧难以平息。

如果你在解决了与朋友的分歧后仍然感到心烦意乱，或者你决定暂时远离这段友谊，你该怎么办？以下是一些建议：

- 思考一下你是否需要做其他事情来修复关系。例如，你需要道歉吗？你需要尝试妥协吗？
- 和自己对话。你可以告诉自己，即使结局和你预想的不同，你仍然为自己处理这种问题的方式感到自豪。这能让你感觉好一些。自我对话也会提醒你，你是一个有价值的人，能从错误中吸取教训，也可以摆脱痛苦，开启新生活！
- 让自己冷静下来，想象自己正在悠闲地度假或正在深呼吸。
- 注意不要无意（或故意）地报复对方。报复可能会伤害你的朋友，也会伤害你。这不是应对冲突的健康方式，而且会损害你的声誉！
- 保持忙碌。参加你喜欢的活动，和别人一起玩。笑一笑，烦恼少！

如果你一直尝试化解分歧，但发现自己仍然心烦意乱，那么绝对是时候和值得信赖的成年人谈谈了。在你的生活中，是否有几位成年人愿意和你谈论问题？有很多专家也可以帮助你梳理想法和感受。你可以告诉父母，你需要跟他们谈谈；也可以直接寻找学校辅导员和心理老师，聊一聊你的困惑；还可以请父母或者学校辅导员给你寻找一位擅长处理儿童社交问题的心理咨询师，从而寻求专业的帮助。

行动指南

当你观看关于青少年的电视节目，或者仅仅是观察学校里同学们的互动时，注意观察他们何时会出现分歧，并试着想一想你会如何处理类似的问题。当你没有直接参与其中时，你不会受情绪影响，就更容易想出解决方案。如果你认为你的解决方案很好，那么在未来遇到类似情况时，你可以采用它们；如果你不确定如何处理分歧，请尝试与可信赖的成年人进行头脑风暴，共同制订一个应对计划，以便在遇到类似分歧时使用。

第五章

最好的朋友

你有最好的朋友吗？如果没有，你想拥有一个吗？如果答案是肯定的，你想过为什么吗？不同的孩子有不同的社交需求：有些孩子喜欢有很多好朋友，而不是一个特定的最好的朋友；有些孩子渴望有一个最好的朋友；有些孩子多年来一直和同一个朋友保持最亲密的关系；有些孩子则经常更换最好的朋友。在本章中，你将有机会思考与最好的朋友（如果有的话）的关系，或者思考如果没有最好的朋友则意味着什么。拥有特别的、亲密的、最好的朋友可能是一种美好的体验，但保持这种关系并不总是一件容易的事情，因为你们都会随着时间的推移而改变。

在继续阅读有关内容前，请花几分钟时间做一个小测验。这些问题可以帮助你思考自己想要和怎样的人成为最好的朋友，如何努力才能交到最好的朋友，以及如何处理友谊冲突。

小测验

1. 你想要什么样的人当你的最好朋友?

    a. 你认为最好的朋友应该是随时愿意倾听你的烦恼,陪你做你想做的事情,只和你一个人玩。

    b. 你认为最好的朋友应该是喜欢和你一起玩,但是如果他也有别的好朋友,你不确定自己会有什么感觉。

    c. 你知道自己想要最好的朋友,但也想要别的好朋友。

2. 你知道与一个值得信赖、有趣、真正理解你的朋友相处是很开心的事情。你和球队的一位队友相处融洽,你想成为他最好的朋友,所以你:

    a. 说他朋友的坏话,希望他不再和他们一起玩,这样他就成了你最好的朋友。

    b. 总是在有其他队友在场的集体场合和这位队友一起玩,但你不确定如何和他成为更亲密的朋友。

    c. 在球场和他一起训练,在更好地了解他之后,你开始约他去别的地方玩。你明白建立亲密的友谊需要时间。

3. 当最好的朋友想成为你唯一的朋友时，你会很沮丧。你希望友谊既有趣又灵活。有一天，父母给了你几张音乐剧的票，告诉你可以邀请两个朋友。你知道要是邀请别人的话，你最好的朋友会不高兴。那你会：

   a. 觉得这是一个特别的活动，你最好的朋友需要接受你也会邀请其他朋友的事实。

   b. 关心你最好的朋友，让她知道，你希望她能和你以及其他朋友一起开心地看音乐剧。

   c. 认真和她谈一谈，告诉她，当她限制你和别人玩时，你会感到不舒服。虽然你想和别人一起玩耍，但是也想和她做最好的朋友，希望她也能来看音乐剧。

4. 你希望最好的朋友每天都能和你一起玩，她在外地过暑假时，承诺每天都会通过社交媒体与你联系，可她实际上每周只和你联系一次。你感觉很受伤。那你会：

   a. 等她回来后，以牙还牙，报复她。

   b. 等她回来后，问她为什么没有每天联系你。你会听她的解释，但更关注自己的感受。

   c. 等她回来后，和她分享你的感受，并听听她要说的话。你们都会找到保持亲密友谊的新办法。

5. 有人告诉你，你最好的朋友正在散布你的谣言，以阻止你结交其他的朋友。那你：

a. 也开始散布他的谣言。

b. 不确定你是否可以再信任他。你想和他谈一谈，但你不知道该说什么。

c. 会与他沟通并解决问题。你重视这份友谊，想给他一个告诉你真相的机会。你也想制止他继续散布谣言。

测试结果

如果你的选择大多是"a"，那么你可能很难建立或维护一段最好的友谊。

如果你的选择大多是"b"，那么你通常能察觉自己和朋友的感受，但你可能不知道如何建立和维护最好的友谊。

如果你的选择大多是"c"，那么你已经了解如何建立和维护最好的友谊。继续阅读以了解更多关于这些方面的技巧。

最好的朋友是什么样的

对很多人来说，拥有一个最好的朋友至关重要。最好的朋友可以让我们信赖和依赖，能与我们开心地交流，可以一起参加有趣的活动。有时，一段最好的友谊会很快建立起来，但更多时候，这需要时间，因为你们需要逐渐加深对彼此的了解和信任。

最好的友谊分很多种。有些最好的朋友就喜欢两个人相处，而有些最好的朋友虽然乐于彼此一起玩，但也喜欢和其他朋友在一起。有时一个人会有好几个最好的朋友。如果每个人都感觉快乐并对他们的友谊感到满意，那么就不会有什么问题。然而，在本章的后续部分，你将有机会探讨只和一个最好的朋友相处可能会带来哪些局限。

> 有时，一段最好的友谊会很快建立起来，但更多时候，这需要时间，因为你们需要逐渐加深对彼此的了解和信任。

在你和某人成为最好的朋友之前，最好确保双方对这段友谊有共同的期待，以避免未来出现矛盾。例如，了解对方愿意花多少时间和你在一起，以及愿意花多少时间与其他人在一起。如果你发现彼此在时间分配上的期望不一致，那么最好还是保持好朋友的关系，享受你们之间的友谊，而不需要承担成为彼此最好朋友的压力。

如前所述，找到最好的朋友需要时间。你要先花时间了解一个人，之后和他成为朋友，这段关系才能逐渐发展成亲密的友谊，直到你们都同意将彼此视为最好的朋友。

在努力寻找最好的朋友时，应该记住以下几点：

- 一个陌生人可能不会立刻赢得你的信任，即使你发现自己喜欢和他相处。回想第一章提到的社交圈。你可能会认识某个人，愿意和他相处，逐渐建立起信任，然后他最终可能进入你社交圈的核心，成为你最信任的朋友。
- 你理想中的最好朋友是什么样的？是那些你们交流不多但有共同兴趣的人吗？是那些你愿意跟他分享任何想法的人吗？或者在你情绪低落时能安慰你的人吗？
- 先成为朋友。成为最好的朋友没有确切的时间限制。问问你自己，你和朋友是否享受彼此的陪伴，是否愿意花更多时间在一起？你们在学着相互信任吗？

你得想清楚自己想从这段特别的友谊里得到什么，这很重要。尽管每个人的答案都不一样，但认真思考这个问题至关重要。

最好的朋友应该遵循的原则

友谊通常应该是有趣且有益的。你与最好朋友之间的特殊友谊应该给你们带来快乐和积极的支持。你可能不想通过正式的谈话来明确对最好朋友的期望。毕竟，交朋友不是做生意！但是，为了确保你们都理解和接受成为最好朋友的责任和特权，你们可以提前进行沟通和交流。坦诚的对话有助于避免日后可能会出现的误解和冲突。

罗谢尔和薇琪的故事

罗谢尔和薇琪在成为最好的朋友之初，对彼此的期望不一样。罗谢尔很高兴薇琪能成为她最好的新朋友，她以为她们会分享秘密，几乎所有的空闲时间都在一起，而且永远不会在没有对方的情况下和其他朋友一起玩。薇琪同样感到高兴，但她的想法是与罗谢尔和其他朋友一起玩会很有趣。薇琪还想和罗谢尔分享她与其他朋友的故事。

在成为最好的朋友几周后，薇琪邀请了她以前的露营朋友参加聚会，但并没有邀请罗谢尔，这让罗谢尔很受伤，也很生气。罗谢尔告诉薇琪，因为这件事，她觉得薇琪是一个很糟糕的朋友。薇琪听了很惊讶，也很恼火。薇琪告诉罗谢尔，她爱邀请谁就邀请谁。她俩决定以后不再是最好的朋友了，甚至不再是朋友了。

- 如果你是罗谢尔或薇琪，你会有什么感觉？
- 如果两个女孩从一开始就讨论了彼此对友谊的期待，你认为这场冲突可以避免吗？
- 你认为罗谢尔或薇琪应该如何处理这种情况？

如果你和潜在的最好朋友谈论了彼此的期望,并且都决定要多花一些时间和对方在一起,这可能反映了你们非常享受彼此的陪伴。那太棒了!但你仍然需要考虑以下几点:

- 你不想和别人一起玩了吗?或者想减少和别人一起玩的时间?
- 你想减少与其他朋友成为最好朋友的机会吗?
- 如果你有时独自参加一些活动或聚会,你会觉得这是背叛了你最好的朋友吗?
- 你会不会无意中伤害了别人的感情,因为其他孩子认为你和你最好的朋友对他们不感兴趣?

其实,你最好的朋友不必是你唯一的朋友。结交各种各样的朋友会很有趣。拥有不同的朋友不仅能开阔你的视野,还能让你了解不同的文化、活动,开启新奇的"冒险"之旅。同时,你仍然可以和最好的朋友分享秘密。

忠诚

忠诚是友谊的重要组成部分。忠诚到底是什么呢?忠诚意味着你会支持朋友,不会在背后说他的坏话,并且始终如一,值得信赖。做一个忠诚的朋友很重要,这表明你关心、尊重和信赖对方。不过,这并不意味着,如果朋友的行为是错误的或让你感到不舒服时,你还要支持他或者站在他那边。

胡安的故事

胡安很开朗，喜欢参加各种活动，热衷于交朋友。一天，他注意到同学安德鲁似乎很不高兴。下课时，胡安随口问安德鲁是否一切还好。

安德鲁摇了摇头，说："我妈妈病得很重。她可能快要去世了。"说完，安德鲁很惊讶自己把这个秘密告诉了胡安，心里有些后悔，于是请求胡安不要告诉其他同学。胡安向安德鲁保证会为他保密，并且会支持他。

那天晚上，胡安把这件事告诉了他的父母。胡安觉得这并没有违背诺言，因为他告诉了成年人。不过，胡安没有将这件事告诉他最好的朋友康纳。当康纳注意到胡安和安德鲁在学校经常一起玩时，他很嫉妒，不明白为什么会变成这样子。于是，康纳和胡安发生了争执，但胡安知道自己不能透露安德鲁的任何事情，因为他答应安德鲁了。争吵之后，胡安和康纳的友谊岌岌可危。

- 如果你是胡安，你会如何处理自己和康纳的争执？
- 如果你是康纳，你会如何处理自己的嫉妒情绪？

> 你最好的朋友不必是你唯一的朋友。结交各种各样的朋友会很有趣。

在一段友谊中，有时你可能会觉得你的朋友对你不忠诚，因为你被排除在某项活动之外，或者朋友没有告诉你一些别人的私密信息。例如，你发现一位同学搬家了，你把这件事告诉了最好的朋友，却发现他已经知道这件事好几个星期了，但他答应那位同学要保密，因此一直瞒着你。面对这种情况，你会有怎样的感觉？你最好的朋友坚守对别人的承诺，你会赞许他的做法吗？还是你觉得他对你不忠诚，因为他没有和你分享秘密？

如果你面临类似的问题，那么认真思考发生的事情很重要。你想让最好的朋友告诉你关于其他人的一切吗？有些信息可是私人信息。虽然你们是最好的朋友，但这并不意味着你俩都可以无视他人的感受和要求。

但是，如果涉及某人的安全问题，那将秘密告知值得信赖的成年人则很重要，以保证他人的安全。在任何情况下，安全永远要放在首位！

最好的朋友不止一个

一个人是否能有多个最好的朋友？答案是肯定的，有时候确实可以。你可能在不同的情境下各有一个最好的朋友：一个来自夏令营，一个来自足球队，甚至还有一个是你小时候的玩伴。如果你最好的朋友也有其他的最好的朋友，你会接受吗？如果不能，那你应该怎么办？你能要求对方不要与别人成为最好的朋友吗？你能接受对方拥有多个最好朋友的事实吗？你愿意维持现在的友谊，同时寻找另一个有相似期望的人成为最好的朋友吗？

如果你珍视和最好朋友之间的友谊，不愿意终结它，那么你可能会接受对方拥有几个最好的朋友；如果你认为没必要时时刻刻都要和最好的朋友在一起，那么你或许不会在乎对方是否有其他的最好朋友。在这种情况下，你可能仍然对你们目前的友谊感到满意。

如果你希望对方承诺将彼此视为唯一的最好朋友，并且你们对此都同意，那么这也可以。然而，如果你只想要一个最好的朋友，而对方想要几个的话，那你们的友谊就会遇到问题。想象一下，如果你告诉最好的朋友不要再和别人做朋友了，你可能会遭到拒绝。

如果你最好的朋友与别人的关系也很紧密，那这里有一些可以让你感觉更好的方法：

- 关注你们友谊的积极方面。想一想你和这个朋友有什么共同之处。
- 反思一下，你可能也想和其他朋友一起玩，而你最好的朋友也有这个想法。
- 想一想你为什么不愿意和别人分享你最好的朋友，是因为嫉妒别人，还是害怕被排斥？如果是这样，你可以向值得信赖的成年人求助，这样你就更愿意和别人分享朋友了。

好朋友通常会一起参加活动或者有共同的兴趣爱好，并让彼此感受到支持、关心和快乐。如果你意识到自己对被排斥在外的情况很敏感，那么友谊（无论是与最好朋友的友谊还是其他形式的友谊）可能会给你带来压力。虽然有时你的朋友会为了让你感到舒适而改变自己，但你不能期待他们总会这样做。例如，一个朋友开你的玩笑，却伤害了你的感情，你可以私下找他聊一聊，解决这个问题。然而，如果你期望他做出重大改变，或者想要决定他和谁一起玩，这样的友谊可能难以持久。为什么呢？因为多数人希望自由，以自己感到舒适和快乐的方式做事情。

与最好的朋友发生了冲突，怎么办？

有一个最好的朋友是一种奇妙的体验！你们亲密无间，如同家人。然而，正如兄弟姐妹之间偶尔会有争执一样，最好的朋友之间也会发生冲突。

如果你与最好的朋友发生了冲突，那么：

- 想一想你对他的期望是否公平。
- 想一想他对你的期望是否公平。
- 考虑是否有妥协的办法，让你们都得到一些自己想要的东西。例如，一个人想在周末去游乐场，而另一个人想看一部新电影。
- 不要指责对方。相反，要把你的想法和感受，以及你希望如何解决问题告诉对方。
- 回想一下你们当初成为最好朋友的原因。沟通时要尊重对方，坦诚相待，对话时声音要平静，尽可能灵活地处理冲突。

你与家人的关系也会起伏不定，友谊也是如此，即使是最好的朋友之间；如果你们能够解决冲突，那不妨尝试一下，毕竟你们有友谊基础；如果你们陷入一个明显需要外界帮助的境地，请积极主动地寻求他人的帮助。寻求帮助是勇敢的表现，也体现了解决问题的强烈愿望。如果你最好的朋友试图改变你，甚至强迫你做危险的事情，或者你们发现彼此已经疏远了但不知道如何处理，那么请寻求帮助。也许你们可以完全解决分歧或冲突，也许你们之间的问题不能完全解决，但仍然可以做朋友，哪怕友谊暂时变得不如以往那样亲密了。重要的是，通过沟通和寻求帮助，你们可以找到前进的道路。

> 好朋友通常会一起参加活动或者有共同的兴趣爱好，并让彼此感受到支持、关心和快乐。

如果你们确实暂时不再是最好的朋友，那么也要互相尊重，尤其要保护彼此的隐私。例如，不要告诉别人你的朋友喜欢谁。即使你在这段友谊中受到了伤害，也要尊重对方，不泄露对方的隐私，不破坏你们之前建立的信任感。但是，也有例外情况，如果有人处于危险之中或存在潜在的危险时，请务必与值得信赖的成年人沟通，以确保每个人的安全。在这种情况下，保护彼此的安全比维护隐私更为重要。

每个人都应该有一个最好的朋友吗？

许多快乐的人没有最好的朋友，这没关系！他们可能有很多接纳和关心自己的朋友。不是每个人都需要一个最好的朋友。但是，如果你与某个特定的朋友建立亲密关系会感到快乐，那么你可以做一些对彼此都有益并且让你俩都感到舒适的事情，以建立良好的友谊。如果你现在没有最好的朋友而你又渴望拥有一个，也许你将来可以实现这个愿望。无论你目前的友谊状况如何，请确保你是快乐的，并且你们都愿意让彼此快乐。最重要的是，健康的友谊要基于相互理解和尊重，并且为彼此带来积极的情感体验。

行动指南

思考一下,你是想拥有一个最好的朋友,还是想和一群好朋友一起度过开心的时光?提醒自己,无论是哪种友谊模式,你都可以从中找到快乐。如果你渴望拥有一个最好的朋友,那么深入思考一下原因,以及你对这段关系的期望是什么。然后看看周围是否有和你一样想法的朋友。如果你们的期望不同,不妨先成为好朋友,看看关系如何发展;如果你们的期望相似,建议经常在一起玩,加深了解,但不必急于求成。请记住,成为真正的最好朋友需要时间。

第六章

应对同伴压力

你的朋友是否曾以合群为由，强迫你做一些事情或者说一些话？这就是同伴压力。这也可能发生在成年人身上。消极的同伴压力会让人误以为，保持友谊或者被接纳的唯一办法就是遵从别人的要求，即使这意味着要做高风险的、错误的或者让人不舒服的事。但同伴压力并不总是消极的。积极的同伴压力可以激励你去尝试一些安全的、令人兴奋的且有趣的新事物。

在本章中，你将了解朋友在"群体声音"的形成过程中发挥的作用。若一个群体中的多数人都听从一两个人的意见，群体声音可能会迫使某人去做某件事，无论这是好事还是坏事。

在我们深入讨论同伴压力之前，请你花几分钟时间做一个小测验，它会让你有机会思考如何应对同伴压力。如果你能够了解同伴压力会如何影响你，你就可以更轻松地找到具体的应对方法，并知道何时及如何运用这些方法。

小测验

1. 你的朋友们都决定报击剑班，但你对此不感兴趣，宁愿做别的事。那么你会：

    a. 决定不报击剑班。当朋友问你为什么不报时，你说："哎呀！我忘了。"

    b. 同时报击剑班和你真正想报的网球班，由于时间冲突了，所以你不能去击剑班。

    c. 让他们知道你的感受。你希望真正的朋友会理解你，并且不会介意你不想和他们一起报击剑班。

2. 你的两个朋友一直取笑你总是守规矩。他们透露，计划假装生病，向父母撒谎，然后逃学去玩电子游戏。他们怂恿你也这样做。那么你会：

    a. 这样做，你不想失去这些朋友。

    b. 开个玩笑，说做正确的事有多酷。

    c. 与朋友坦诚沟通，希望他们接纳真实的你，比如遵守规则。

3. 你很高兴能加入一个受人欢迎的社团。然而，社团成员总是排斥和取笑某些同学。那你会：

a. 避开也不理那些被排斥的同学，因为你不想被嘲笑或被踢出受人欢迎的社团。

b. 和这些被排斥的同学打招呼，或者放学后和他们一起玩，但当你和社团的同学在一起时，对这些被排斥的同学视而不见。

c. 和社团的同学一起玩，但明确告诉他们你不想嘲笑任何人。你努力成为一个正直的人，相信朋友之间要相互尊重，而不应该相互嘲笑。

4. 你的好朋友们一直劝说你参加辩论队的比赛，他们知道你很擅长辩论，能够清楚地表达自己的观点。他们认为这是在支持和鼓励你，但你不想加入辩论队。你喜欢辩论是因为兴趣，而不是为了比赛。那你会：

a. 生朋友的气，告诉他们如果继续劝说你加入辩论队，那你们就不再是朋友了。

b. 编造一个借口，告诉他们你不能参加，因为辩论队比赛的时候你很忙。你希望这个借口可以阻止朋友们继续烦你。

c. 与朋友进行坦诚的沟通。你感谢他们欣赏你，但他们的反复劝说让你感到不舒服，因为你不想加入辩论队。

5. 朋友们约好每个人都各自跟父母说要去约瑟夫家玩。约瑟夫的父母不在家，你们打算在那儿玩电子游戏，但大人并不知道这一点。那你会：

a. 觉得撒谎不对，但你不想失去朋友。你为了合群而选择玩电子游戏，甚至劝说另一个犹豫不决的朋友。

b. 觉得不舒服，但假装可以接受这个计划，然后在那天假装生病，这样就不用去了。

c. 告诉朋友你不想玩电子游戏，也不想以后父母发现了谎言而陷入大麻烦。你希望你们不会因此而结束友谊。

测试结果

如果你的选择大多是"a"，那么处理同伴压力可能会给你带来压力和焦虑。本章内容将帮助你学习如何应对同伴压力。

如果你的选择大多是"b"，那么你知道自己想做什么和不想做什么。但是，当朋友向你施加压力要求你做不想做的事或说不想说的话时，你不知道该如何应对。你将在接下来的内容中找到应对同伴压力的具体方法。

如果你的选择大多是"c"，那么你已经掌握了应对同伴压力的一些方法。但请继续阅读，你会学到更多技巧！

群体声音

有些群体鼓励成员自由地表达想法和感受，接纳并欣赏成员的多样性表达，而有些群体则希望每个成员都要遵守一些不成文的规则。这些规则构成了本章开头所提到的"群体声音"。群体中最有发言权、最受欢迎或最有影响力的成员决定了其他人应该持有什么样的观点。为了不被踢出群体，你是否曾感受到不得不从众的压力？

> 积极或鼓舞人心的群体声音会激发你的动力，让你更加努力学习，也有勇气尝试新事物。

当群体声音对你来说是负担或让你不舒服的时候，它就会成为一个问题。在某些情况下，你可能会觉得自己不得不遵守某些规则，否则就要承担失去朋友的风险。例如，你想在考试前一天的晚上在家里安静地复习，而不是跟着朋友们去听音乐会。或者，你想跟家人在一起，而不是跟着一群朋友出去玩。你会如何处理这些冲突，以及群体如何回应你的个人选择，这些会决定你是留在群体里还是寻找新朋友。

有时，一群朋友可能会迫使你做一些危险的事情，例如喝酒或伤害他人。如果你认为这些行为是不对的，但为了融入群体，你愿意屈服于同伴压力吗？如果你面对这样的选择，要考虑以下几点：

- 群体里是否还有其他人也不想参与这些事情？他们可能会成为你的支持者，支持你的决定。
- 如果朋友持续给你施加压力，你为什么还要和他们在一起？

如果你担心离开这个群体后，别的群体也不愿意接纳你，那你可以找家长、学校辅导员或者其他值得信赖的成年人聊一聊，请求他们的帮助。

- 危险行为会影响你的未来，还可能将你置于风险之中，甚至带来法律后果。

离开一群朋友并不容易。你担心离开这个社交群体会感到孤独，或者担心其他群体的孩子会因为你之前的一些行为而排斥你。不过，不要让这些阻止你做出勇敢的决定。勇敢做自己，让别人看到真实的你，友善待人，尊重他人，别人就会更愿意接纳你。

群体声音并不总是负面的。比如，群体声音会鼓励每一位成员都要努力学习，以便大家都能考进自己心仪的学校；或者因为群体成员都喜爱足球，于是一两个成员提议平时要多加练习踢球，争取在比赛中取得好成绩。积极或鼓舞人心的群体声音会激发你的动力，让你更加努力学习，也有勇气尝试新事物。

对消极的同伴压力说"不"

对抗同伴压力并不容易，尤其是当你不想失去朋友时。比如，你的朋友把嘲笑别人或者违反规则当作很酷的事情，如果你和他们不一样，可能很难和他们保持友谊。但请务必记住，那些嘲笑别人或剥夺你选择自由的朋友不是真朋友，他们要求你表现得和他们一样时才会接受你，而不是让你做真实的自己。当你面对消极的同伴压力时，请记住这一点，它可以帮助你扛住同伴压力。

威廉的故事

14岁的威廉喜欢和朋友们在一起,但害怕参加迪格组织的化装舞会。威廉知道化装舞会很安全,而且他的很多朋友都会去,但他总是不好意思打扮自己。此外,迪格和莫西对舞会主题有绝对的发言权,他们去年要求每个人都必须打扮成迪士尼里的人物。威廉知道他俩今年会再次决定舞会的主题,其他人也会毫无意外地服从。没有人愿意提出不同的意见,因为每个人都担心如果这样做的话,会遭到其他人的排斥。

今年,威廉被告知要打扮成历史上的名人。威廉不想冒犯这些朋友,也不想遭到他们的非议,更不想被踢出群体。这给他带来了巨大的同伴压力,迫使他同意遵从这个计划。他决定按照要求打扮,但整个晚上他都觉得不舒服。

- 如果你是威廉,即使感到不舒服,你仍然会盛装出席舞会吗?
- 如果选择不参加,你会怎么做?你会对其他朋友说什么?
- 为了不冒犯他人或不被拒绝,你会选择顺从别人吗?

不屈服于同伴压力，并不意味着放弃与这个群体中每个人的友谊。有时，尽管某些孩子觉得必须遵循群体的要求，但他们本身可能非常友善。你可以问问自己，你是否可以在群体之外与这些孩子成为朋友，也许你们可以一起组成一个更积极的新群体。

有些人选择只留在一个群体中，因为他们害怕被孤立。许多孩子和成年人都会面临这种恐惧。实际上，你可以拥有朋友，也可以对抗同伴压力！下面的一些建议可以帮助你在保持友谊的同时对抗同伴压力：

- 如果朋友经常给你压力，并且待人刻薄，请认真且冷静地让他们知道，这些行为让你感觉不舒服。然后，你可以强调，如果他们能停止这些消极行为，你愿意继续和他们做朋友。

- 尊重群体里的其他成员，即使你拒绝群体希望你做的事情。有时你可以适度妥协，灵活处理，但同时要明确自己的底线，不做伤害他人或冒险的行为。

- 与那些你觉得不舒服的活动保持距离，尝试组织一个有趣的活动并邀请其他人参加，也许群体中的一些成员也会来参加，并且喜欢上这个活动！

- 试着和群体中的一些成员单独交往，这样你就可以在群体之外建立友谊。理想的情况是，即使你离开了这个群体，你仍然可以和这些人做朋友。

- 与群体之外的人交朋友。拥有不同的朋友是了解自己和世界的好方法。此外，如果你觉得在某个特定的社交群体中感到不自在，你还可以找到其他可以依赖的朋友。

- 真正的朋友愿意接纳真实的你。积极地去寻找真朋友。比如，你可以从体育或数学社团里结识新朋友。想一想生活中那些可以让你感到自信、被接纳和快乐的人，他们才是你想要交的朋友。

> 不屈服于同伴压力，并不意味着放弃与这个群体中每个人的友谊。

如果你的朋友们既有趣又相互支持和关心，真诚地接纳你，那么偶尔应对无害的同伴压力可能不会那么困难。例如，朋友们计划周日下午去打保龄球，而你原本计划去商场，你不妨跟他们去打保龄球，改天再去商场。保持灵活性和适度妥协对于任何友谊都是必不可少的。

另一方面，如果你不得不接受他人的想法和计划，并且无法自行做决定，那么这个群体可能不适合你。与值得信赖的成年人谈一谈你的感受，这可能会帮助你决定是否应该与群体保持一致。你或许可以考虑只与群体中的某些孩子一起玩，或者脱离这个群体去结交新朋友。

为什么我受到了排斥

排外，或者说故意将某人排除在外，有时是无意中发生的。比如，当你以为自己邀请了所有朋友参加聚会时，事后才察觉漏掉了一个你真正在乎的朋友。有时的确

> 朋友之间未必总会意见一致，但至少应该尊重对方，不要逼迫对方去改变。

会发生这样的事情，因为凡事都做到面面俱到，这并不现实。例如，你只能邀请三位朋友到家里玩，你就必须选择这次邀请谁，下次再邀请谁。在这些情境下，没有人是故意想要伤害别人的感情。

然而，有时排外是因为某人不希望特定的人参加某个活动。有时，一群孩子不想让其他人加入他们的群体，因为他们喜欢保持群体现状，担心新成员的加入会带来变化。孩子甚至成年人都可能做出排斥他人的行为，因为他们不了解对方或对方的文化，或者单纯认为对方跟自己不一样。有时，排外行为是基于歧视，因为对方所属的群体、班级或其他属性而对他做出负面评价。

如果你发现自己一直排斥某个人，要问问自己为什么。你是担心自己的社交圈会发生变化，还是担心朋友们会喜欢这个新成员胜过你？你不喜欢改变吗？你排斥的那个人确实不尊重他人或者不友善吗？一旦你明白了排斥他人的原因，你就可以判断自己做得对不对。如果不对，你可以尝试接受新成员，你们可能会建立新友谊。

如果你的朋友出于某种原因，不想让某人加入你们的群体，你可以跟朋友沟通，告诉他，你尊重他的感受，所以想听听他不想让新人加入的原因。你能想出一个办法，让你的朋友愿意接纳新人吗？你能和他谈谈新成员会带来的积极影响吗？这些做法可能并不一定有效。有些人可能真的无法和新人相处，但这并不意味着你不可以与新人成为朋友。你仍然可以在你的团队之外发展友谊，希望真正的朋友会尊重你的选择。

罗玫的故事

11岁的罗玫和5个好朋友组成了朋友圈，他们兴趣一致，经常一起玩，一直相处得很开心。有一天，罗玫走进学校食堂，邀请她的同学丽兹一起吃午餐。罗玫对丽兹很好奇，她安静且害羞，似乎总能取得好成绩，但从未参加过学校的任何活动。

整个午餐时间，罗玫和丽兹都在聊天。丽兹说她很想加入学校的社团，交到新朋友，罗玫听了很惊讶。可惜，丽兹放学后不得不回家帮忙照顾弟弟妹妹。丽兹还说，她希望有一天能成为一名宇航员。罗玫认为丽兹很酷，想更深入地了解她。

当罗玫的朋友们看到丽兹在和罗玫说话时，他们互相看了看，翻了个白眼。罗玫明白了，她的朋友们有些生气了。罗玫向朋友们介绍了丽兹，不过他们只是微微一笑，然后坐到了别的餐桌旁。尽管好朋友们给出了消极的回应，但罗玫还是继续与丽兹一起吃午餐。她觉得丽兹很不错，可能会成为她的好朋友。

- 如果你是罗玫，你会如何处理这种情况？
- 你会继续了解丽兹，还是只和你现在的好朋友一起玩？
- 你会因为害怕与现在的朋友发生冲突，而不愿意结识新朋友吗？

贝蒂的故事

12岁的贝蒂最近交了一个新朋友彼得，他们都喜欢轮滑和电子游戏。在他们成为朋友几个月后，贝蒂开始因为朋友丽亚姆和莱蒂的一些言论而感到不适。她们认为，和男孩子做朋友很奇怪，并且不愿意和彼得一起看电影或骑车。她们让贝蒂做出选择：如果她还是经常和彼得玩，她们就不再和她一起玩了。

贝蒂很难过，她不想失去彼得、丽亚姆和莱蒂，但不知道该怎么办。在与父母和学校辅导员沟通后，贝蒂决定与丽亚姆和莱蒂谈一谈。在交谈中，她努力保持冷静并使用"我"向信息（如第60页所示）。听完两位朋友的话后，贝蒂告诉丽亚姆和莱蒂，她理解她们的感受，并且非常珍视这段友谊，希望和她们继续做朋友。丽亚姆和莱蒂也想继续和贝蒂做朋友，她们只是担心贝蒂花太多时间和彼得在一起，就再也没有时间陪她们了。这就是她们向贝蒂施加压力的原因。三个人聊完后都感觉好多了。丽亚姆和莱蒂意识到，在她们的小团体之外也可以结交别的朋友，她们不再要求贝蒂放弃与彼得的友谊。贝蒂承诺以后会多抽出时间和丽亚姆、莱蒂一起玩。

- 如果你是贝蒂、丽亚姆或莱蒂，你会怎么做？
- 如果丽亚姆和莱蒂坚持反对贝蒂和彼得一起玩，贝蒂应该怎么做？

积极的同伴压力

正如本章前面提到的,同伴压力并不都是消极的。有时同伴压力可能是一件好事。如果你的朋友鼓励你走出舒适区,变得更加自信,这可能会给你带来压力,让你感到不舒服或产生焦虑。但一旦你意识到朋友们对你的信任和支持,尝试新事物可能会容易得多。例如,如果一位朋友一直鼓励你去参加学校话剧主角的面试,那是因为她看到了你在表演和歌唱方面的天赋,也许这会让你有勇气去尝试并竞演主角!即使最后你没能得到主角,甚至没有获得表演的机会,你也会因为勇于尝试新事物而感到自豪。

你会不会给朋友施加积极的同伴压力?人们通常不喜欢尝试不熟悉的事情,或者放弃他们习惯做的事情,因为他们在熟悉的环境中感到安全。你或许可以帮助朋友尝试走出舒适区。换句话说,那些能鼓励你、支持你的好朋友,可以让生活变成一场愉快的冒险!当然,请注意不要给朋友过度施加压力,即使你只是想鼓励对方。鼓励和唠叨或坚决要求之间可能只有一线之隔。

这份友谊值得吗?

无论彼此之间有着怎样的相似或差异,那些能够让你感到被接纳、心灵相通、相互欣赏的友谊,往往充满了乐趣。在这样的关系中,你能够自在地展现自我,无需承受改变自我的压力。

但是，有时你不得不质疑某份友谊是否是真的友谊。在决定是否保持这段友谊时，你需要考虑以下几点：

- 当考虑将朋友介绍给家人或者其他亲近的人时，你的内心充满了自豪，还是感到一丝尴尬？如果你感到尴尬，你或许需要调整自己，抑或你对这份友谊有所顾虑？
- 你们是否有一些共同的兴趣爱好，并且享受在一起的时光？
- 即使你们的兴趣不同，你们是否能够相互理解和包容，愿意投入时间去相处，享受彼此的陪伴？
- 为了维持你们的关系，你的朋友是否要求你与其他朋友绝交？
- 你的这位朋友是否要求你改变自己，做一些你不喜欢的事情？

朋友之间未必总会意见一致，但至少应该尊重对方，不要逼迫对方去改变。当你情绪低落时，你的朋友能给予你支持和安慰吗？你也可以这样对待别人吗？

想一想你为什么会和某人成为朋友。记住是哪些美好的品质和共同的纽带让你们走到了一起。你的朋友依然如你第一次见到的那样善良、有趣、尊重别人吗？随着生活的变迁，你们还能保持亲密的关系吗？如果你在友谊中感到束缚，或者感觉对方不再支持你，那么是时候重新评估这段关系了。这意味着你要暂时和对方保持距离，但要保留将来重新联系的可能性。如果你们都愿意接受彼此的差异，并愿意为友谊付出努力，即使友谊发生了一些改变，你们也能继续保持友谊。

行动指南

思考一下，尽管你们之间存在分歧，你和朋友是否能够相互接纳。你们彼此并不完全相同，这样的差异能给你们的友谊带来积极影响吗？当朋友迫使你做一些让你觉得不舒服的事情以维持友谊时，你知道该怎么办吗？学会以尊重和诚恳的态度向你的朋友表达自己的感受，同时让他们知道，你希望他们能接受真实的你，而不是强迫你去做不想做的事情。你可以创建一个应对同伴压力的方法列表。如果你将来遇到类似情况，你已经做好准备，能够更自信地解决问题了。

第七章

被排斥、被孤立，
怎么办？

大多数人都渴望在生活中拥有关心自己的朋友和家人。独自面对生活的挑战是艰难的，而与好朋友共度时光则能带来许多乐趣。亲密的友谊能在我们有需要时给予我们归属感和支持。但有时，尽管我们努力结交朋友，却可能遭遇他人的冷漠或排斥，这会让我们感到孤独、悲伤甚至愤怒。虽然你决定不和这样的人交朋友，但这仍然给你带来了伤害。

当你感到被误解，或者与他人失去联系时，孤独感就会袭来。有时候，即使朋友陪在你身边，你也感到孤独。如果你不得不假装喜欢某些活动，无法展现真实的自我，即使在人群中，孤独感也可能如影相随。你有过这样的体验吗？

在本章中，你将学习如何应对孤独和被拒绝，还将了解到，偶尔独处也不是一件坏事。不过，在继续阅读之前，先做一个小测验。当你思考答案时，问问自己对孤独有怎样的看法，以及你会如何应对孤独和被他人拒绝的情况。

小测验

1. 你想和玛格丽特成为朋友，但她喜欢运动，你喜欢艺术；她喜欢群体活动，而你喜欢两个人的聚会。当你邀请玛格丽特一起参加艺术活动时，她礼貌地拒绝了。那么你会：

    a. 感到孤独、悲伤甚至生气。

    b. 意识到你和玛格丽特没有太多共同点，所以选择疏远她，但内心感到很孤独。

    c. 寻找其他与你有相同爱好的朋友，但有时仍会尝试与玛格丽特聚聚。

2. 当你意识到自己被排除在聚会之外时，你会：

    a. 觉得别人不喜欢你，这让你非常难过和孤独，甚至想哭泣。

    b. 仍然和这些人一起玩，因为他们平时对你也很友好，但你依然觉得受伤了。

    c. 保持冷静，仔细观察这是一个偶然事件还是一种常态，然后再做出决定。

3. 你的朋友告诉你，他觉得你宁愿一个人待着也不愿意和他一起出去玩。那你会：

   a. 告诉你的朋友他错了，这只是他自己的想象。
   b. 认真考虑他说的话，但你认为他说错了，你不会改变自己的行为。
   c. 仔细倾听你的朋友为什么会有这种感觉，并解释为什么你最近花更多的时间独处。

4. 你的好朋友好像有了新朋友，虽然你试着在课间休息时加入他们，但感觉他们并不欢迎你。那你会：

   a. 愤怒地向别人抱怨你的好朋友。
   b. 感到困惑和孤独。你独自坐在那里，希望你的好朋友过来陪陪你。
   c. 意识到你不能限制朋友的社交自由。你邀请朋友到你家玩，看看你们是否可以重新建立友谊。然后你试着找一个大家都能参加的活动，邀请你的好朋友以及他的新朋友一起参加。

5. 你觉得同学们都有好朋友，而自己没有。这让你觉得自己是隐形的，在课间游戏或者小组活动中总是被忽视。那你会：

a. 感到被排斥、孤独和悲伤。你每天放学后就立马赶回家，放弃交朋友。

b. 与成年人交谈并想办法认识新朋友，但因为太紧张而不敢尝试。

c. 听取值得信赖的成年人的建议，并尝试新的交友方法。你开始与同学们聊一些共同感兴趣的话题。

测试结果

如果你的选择大多是"a"，这可能意味着你经常感到孤独，在与人相处方面有点困惑。在本章中，你会发现一些实用的技巧，它们不仅能帮助你应对孤独，有时还能让你享受独处的乐趣。你还将找到与他人建立联系的方法。

如果你的选择大多是"b"，那么你意识到自己的情感需求，并且正在努力探索如何与他人建立联系，以便更好地融入群体。

如果你的选择大多是"c"，那么你可能已经掌握了寻找好朋友的技巧，以及如何应对被拒绝或被孤立的情况。当你继续阅读本章时，你会发现更多的技巧和方法，帮助你更好地管理情绪，让你在社交场合更加自如。

保持强大的内心

如果你曾经被某个群体排斥在外，或者感到某个朋友在疏远你，那么你并不孤单，许多孩子都会遇到这种情况，这可能会带来情感上的伤害，还可能引发自我怀疑。有些孩子想知道是不是自己的问题，因为别人都不想和他玩。

在本章的后续内容里，你将有机会思考你感到被孤立或被拒绝的原因。但在这之前，不管你有多少朋友，找到让自己感觉良好的办法至关重要。

即使你是一个人，你也不必感到孤独。独处有时也很有趣。如果你是一个人，你也可以：

- 享受独处的时光，即使内心渴望朋友的陪伴。
- 发掘那些让你可以专注于个人想象和爱好的时刻。
- 尝试新事物。
- 欣赏自己，发现自我价值，并认为自己也很棒。

拥有强烈的自尊心意味着你对自己有着积极的评价，那么有时间独处也很棒。想一想，当你一个人的时候，你可以做哪些有趣的事情。这些想法将帮助你更好地享受属于自己的时光，在独处中找到快乐，学会成长。

> 当你感到被误解，或者与他人失去联系时，孤独感就会袭来。有时候，即使朋友陪在你身边，你也感到孤独。

所罗门的故事

11岁的所罗门非常喜欢交朋友。无论是参加集体活动，还是与朋友单独相处，他都能玩得很开心。有一天，他突然发现自己被排除在各种活动之外。这让他感到愤怒和不安，内心充满了自我怀疑。所罗门费尽时间和心思，想重新找回朋友。他甚至买零食和礼物来取悦同学们，但情况并没有得到改善。

所罗门很快找到朋友们孤立他的原因了。他们曾要求他参与恶作剧，捉弄一个女孩子，但他拒绝了。此外，朋友们还要求先参加科学考试的所罗门向他们提供问题和答案，所罗门再次拒绝了这一不正当的要求。这两件事之后，他的朋友们开始孤立他。

所罗门觉得在学校一个人孤零零的很尴尬，特别是当他看到同学们在一旁欢笑和玩耍时，他感到很难过。起初，他甚至不想去上学了，但后来他向父母讲述了这件事，并意识到真正的朋友不会强迫他做出伤害别人的行为，也不会因为他拒绝泄露考试题目而孤立他。所罗门决定去结交新朋友，但也愿意与这些老朋友保持友谊，前提是他们愿意继续和他做朋友。在他独处时，他决定学习陶艺，这是他一直很喜欢但过去很少有时间做的事情。

- 如果你被孤立了，你会有什么感觉？
- 如果你是所罗门，遇到同样的情况，你会怎么做？

如果你发现自己被朋友孤立，而你确信这并不是因为你对他们缺乏尊重或造成了伤害，那么即使感到失望，你仍然要为自己感到骄傲。请记住，你永远不必为了维系一段友谊而放弃自己的原则，去做那些你认为不对、令你感到不安或非常不舒服的事情。当你运用本书前几章介绍的一些技巧来结交新朋友时，也要学会成为自己的好朋友。

面对孤独，以下建议能帮助你在独处时保持积极的心态。

- 时常提醒自己，你拥有很多闪光点，它们能够吸引那些真正欣赏你的人，并让你与他们建立真挚的友谊。
- 多和那些真正欣赏你的人在一起。
- 创建一份优点清单，例如："我很善良、体贴、有趣，而且我喜欢踢球。"当你情绪低落时，看一看这份清单。
- 做自己喜欢的事情，善待自己。
- 利用这段安静的时间，去做一些你平时想做却没有时间做的事情。

面对孤独无疑是一种挑战。然而，当你意识到自己是一个坚守原则的人，不会为了交朋友而屈服于消极的同伴压力时，这份坚持将帮助你成为一个更坚强、更自信的人。致力于培养那些能让你保持真实的自我、不必为了迎合别人而改变自我的友谊吧！

达琳的故事

12岁的达琳因为脸上长了青春痘,经常被同学们嘲笑。她努力地清洁皮肤,并定期去看皮肤科医生,但同学们的嘲笑并未因此停止。他们甚至嘲笑她的口音,经常对她说没有人喜欢她。达琳并没有做错事,却引来了这些负面关注,这让她很难过。

当克斯汀邀请她参加聚会时,达琳觉得有机会交到一些朋友。她太高兴了!但在聚会上,同学们却指使她去给他们拿零食和饮料,还嘲笑她自己设计并引以为傲的新裙子。最终,达琳决定离开。她告诉同学们,她不应该被这样对待,并表明如果他们愿意,她可以成为他们的好朋友。

达琳给妈妈发了短信,然后妈妈就来接她了。她和父母计划与校长沟通,讨论她在学校遭受的不公平待遇。达琳还打算说服父母搬家,这样她就可以去一所新学校上学,并结识新的小伙伴。但第二天,聚会上的两个同学找到达琳,向她道歉,并表示他们反思了她在聚会上说的话,敬佩她敢于为自己发声,并且没有消极对待任何人。在接下来的几个月里,达琳与这两个同学成了好朋友。

- 如果你像达琳一样经常遭到嘲笑或不公平的对待,你会怎么做?
- 你觉得达琳在聚会上说的话怎么样?

为什么会发生孤立行为

正如你在上一章中所读到的，有时可能因为活动人数限制，不可能让每个人都参与进来。在这种情况下，采取轮流邀请不同朋友的方式，可以确保每个人都感到被接纳。如果你期望自己在所有活动中都被优先考虑，这会给你的朋友带来过大的压力，迫使他们做出排他行为。此外，有时候一些孩子可能被意外孤立。比如，一个朋友热情地邀请所有人放学后到他家玩，然而其中一个朋友并没有收到邀请，她可能会认为自己被孤立了，因而感到伤心和被排斥。

> 孤立可能源于多种原因，并非都出于恶意。

与达琳不同，有些孩子尽管不想被孤立，却给人留下相反的印象。为什么有人会这样做呢？可能是为了掩饰他们的不安全感和伤心。例如，你听到好朋友在课堂上告诉同学们，她将在年底搬家。这让你很失落，同时也因为她没有事先告诉你而伤心。毕竟，你们是多年的好朋友了。在情绪的驱使下，你走向她，冷冷地说："算了吧！祝你开心！"然后就走开了。你的朋友被你的话弄得很困惑，尤其是她本无意对你隐瞒这个消息。或许她以为说这个消息时你在场，所以没有特意单独告诉你；或许她因为太过珍惜与你的关系，害怕直接告诉你会让她难以承受离别的痛苦，所以选择了一个更轻松的方式来宣布这个消息。你的疏远会让她感觉自己被排斥了，她可能认为，你不想和她做朋友了。实际上，你很想继续维系友谊，但不知道该如何抚慰自己受伤的心灵。这种沟通不畅以及由此造成的伤害可能会导致友谊破裂。如果你还想挽救友谊，以下是一些有助于修复关系的建议：

- 想一想自己的真实感受。你是真的生气了，还是非常伤心或害怕？
- 想一想如何消除误会，你愿意和朋友坦诚地聊一聊吗？
- 如果你真的想维系这段友谊，那么要先冷静下来，避免使用侮辱性的语言，更不要指责对方，而是要尊重对方，把内心的想法说出来。如果你真的很沮丧，可以先暂停一下，过后再找对方聊一聊，也可以先与值得信赖的成年人交流，寻求他们的意见，学习如何以冷静和尊重他人的方式处理这一局面。

如果你想融入朋友圈，但感觉被朋友们故意孤立，请考虑以下问题：

- 在和朋友相处时，你是否愿意灵活处理分歧，适度妥协？你是否坚持按照自己的方式做每一件事？这是你被排斥的原因吗？你应该和朋友们坦诚地聊一聊，以弄清楚遭到排斥的原因吗？
- 你为了融入群体所做的努力，是否让你感到不自在和孤独？如果你展现真实的自己，是否会害怕遭到他人的孤立？是不是该去寻找真正关心和接受你的新朋友了？
- 如果你被排除在某些限制人数的活动之外，但你受邀参加其他活动，你是否愿意继续留在这个群体中？你是否也想寻找新朋友，以便空闲时有机会和他们一起玩？

无论排斥为何发生，重要的是努力探究其背后的根源，并采取措施改善你的处境。有时这意味着与朋友一起解决问题，有时这意味着保持友谊但需要调整你和朋友的关系，有时这意味着与朋友断绝关系。

什么时候要结束友谊？

如何判断是否该结束一段友谊呢？如果你发现为了维系这段关系，你不得不彻底改变自己，或者在朋友身边时感到不自在，那么这可能是一个信号，告诉你是时候考虑离开了，特别是你已经尝试过与朋友沟通，希望他们能够接受真实的你，但情况依旧没有改善。如果你选择中断友谊，接下来应该怎么做呢？你还有其他朋友可以一起玩吗？你想尝试什么新事物？你想花更多时间陪伴家人吗？同时，你可能还会在心里挂念着那位朋友，毕竟人是可以改变的，未来你们有可能再次成为朋友。

> 致力于培养那些能让你保持真实的自我、不必为了迎合别人而改变自我的友谊。

当结束一段友谊后，如果你想尝试向前迈进，思考以下问题会有所帮助：

- 尽管友谊的终结会让你感到沮丧，但是如果不需要再承受维系友谊的压力，你会感觉更轻松吗？你会因为能做真实的自己而感到更自在吗？

- 重新评估你的社交圈，想一想你认识的其他人。如果你想开始一段新的友谊，你可以联系谁？
- 你从过去的友谊中学到了什么？如果你知道过去友谊中的问题所在，你如何避免与新朋友发生类似的问题？
- 你有哪些可以打发时间的爱好？
- 学校、当地社区、各种社团里有你可以结识的新朋友吗？

如果你正在寻找新朋友，但似乎找不到合适的，最好与值得信赖的成年人（如学校辅导员、心理老师或任课老师）聊一聊。他们跟很多孩子打过交道，可能会提供一些很好的建议，告诉你如何尝试与接受你的人交朋友，以及明确你愿意接受的朋友类型。

行动指南

在决定是应该努力维系一段友谊，还是选择放手并向前看时，以下是一些值得深思的问题：

- 试着列出维系友谊的利弊，然后想一想你在这段友谊中的感受。如果你选择离开，你会有什么感受。
- 即使与朋友在一起，你是否也感到孤独？是因为你不被欣赏或不被理解吗？
- 你有时会遭到孤立吗？
- 你会想念朋友吗？是否有其他方式可以让你们彼此感到舒适，继续做朋友？

在决定中断友谊之前，请考虑这些问题以及权衡利弊。如果你对该怎么办感到困惑，不妨与值得信赖的成年人聊一聊你的感受，寻求他们的帮助。

第八章

安全使用社交媒体

社交媒体能够让有着共同兴趣的朋友建立起密切的联系。虽然不是每个孩子都可以使用社交媒体，但大多数孩子的确在用，并且投入了大量的时间。你可能已经知道，社交媒体有时也会带来负面影响。在最糟糕的情况下，小孩子们可能会遭受网络欺凌，或者与那些伪装身份、心怀恶意的人建立联系。了解社交媒体的利弊，才能够更好地保护自己。就本章而言，社交媒体一词指的是与他人进行社交互动的新技术。

在本章中，你将了解社交媒体的一些积极作用：更深入地了解他人，与朋友分隔两地时保持联系等。同时，你也将有机会思考社交媒体的一些潜在问题：过度分享个人信息，沟通不畅，以及过多的屏幕时间等。本章将帮助你思考，如何通过社交媒体与他人建立联系，这种交流方式是否起到了积极的作用，你是否因此受到了伤害，或者无意中伤害了他人。本章不会告诉你是否应该使用社交媒体，但会告诉你一些使用手机、笔记本电脑或其他电子设备时需要考虑的问题。

在进一步阅读之前，先做一个小测验。这个小测验将帮助你思考社交媒体会如何影响你的友谊，并反思社交媒体可能带来的利弊。

小测验

1. 在群聊中，你惊讶地发现一些朋友正在根据不同的标准对同学们进行排名。很多人都能看到这些聊天信息，所以你会：

    a. 回答所有的问题（如谁最丑、谁最聪明）来提高自己的人气。毕竟，并非所有的问题都是负面的！

    b. 带着兴趣和好奇心浏览这些信息，但内心有些不安，因为你知道这么做会伤害他人。

    c. 私下给其他人发短信，承认活动看起来很有趣，但提倡大家都做正面的评价，以避免伤害他人。

2. 朋友给你发了一些搞笑的照片，你还挺喜欢的。然而有一天，他要你发一张让你感觉很不舒服的照片。那你会：

    a. 同意这样做，因为你不想让他失望，也不想失去友谊。

    b. 跟他开玩笑地说"哈哈，真有趣"，假装他只是在开玩笑。

    c. 决定等到第二天告诉他，你喜欢他发来的照片，但你不会发送他要求的照片，因为这会让你感觉不舒服。你希望他理解并尊重你的决定和感受。如果他不能，这份友谊不要也罢。

3. 你正在和几位朋友在各自家里玩电子游戏，一个新玩家请求加入，你误以为他是朋友的朋友，所以你同意了。随后，他提议大家互相交换电子邮件地址，你也同意了。然后他开始问你一些非常私人的问题，如你家的地址。那么你会：

- **a.** 认为既然能一起玩电子游戏，说明他值得信任，所以你告诉了他。
- **b.** 不回应，希望他不要再问了。
- **c.** 告诉父母，因为你觉得不安全。同时，你决定跟朋友们核实，确认大家是否真的了解这个人。你知道，在建立友谊之前要确保个人安全。

4. 你和朋友每天下午都会互发微信，分享有趣的事情，并计划周末的活动。但是，你忙于聊天，以至于没有完成作业。那你会：

- **a.** 忽略作业，继续与朋友们发微信。
- **b.** 不知道该如何尽快离线，好抓紧时间做作业。你感到压力重重，不确定该怎么办。
- **c.** 坦诚地告诉朋友，虽然你很想跟他们继续聊，但现在必须完成作业。你希望朋友们能够理解你的想法，尊重你的决定，并且不会影响你们的周末计划。

5. 你给朋友发短信，说她的演讲很搞笑，你以为她会因此而高兴。但到了第二天，她对你很冷淡，指责你故意贬低她。那你会：

a. 感到困惑和受伤，因为她表现得如此冷漠。不过，你只是翻了翻白眼，觉得她很奇怪。

b. 为你的朋友误解了你的意思而感到难过，你本意是要夸赞她的，但不知道该如何处理眼前的状况。

c. 找时间和她谈一谈，努力澄清你的评价实际上是一种夸赞。然后你听她聊一聊她的感受，并在适当的时候向她道歉。

测试结果

如果你的选择大多是"a"，这意味着使用社交媒体和朋友交流可能会给你带来困惑甚至焦虑。通过阅读本章内容，你可以获取更多方法，以便更有效地应对这些挑战。

如果你的选择大多是"b"，这意味着你知道在网络上应该做什么和不应该做什么，但你可能还需要学习如何应对社交媒体带来的压力和冲突。继续阅读，你将发现一系列实用技巧，帮助你更从容地处理社交媒体所带来的问题。

如果你的选择大多是"c"，这意味着你已经掌握了很多社交媒体的使用技巧，知道如何预防和解决可能遇到的问题。继续阅读，你将会获得更多的解决方案！

社交媒体的优势

社交媒体、短信和电话为我们提供了与朋友和家人保持联系的便捷方式。想象一下，无需购买机票或长途跋涉，只需一部智能手机，你就能与远在异国他乡的朋友或亲人保持紧密联系！

智能手机和计算机技术加快了我们沟通的速度。回想过去，写信、寄信以及等待回信是一个漫长的过程。虽然打电话会快一些，但是打长途电话的费用也很高，而且无法实现面对面的交谈。时至今日，与家人和朋友保持联系要容易得多。即使相隔千里，我们也可以在几秒钟内发送和接收消息，甚至通过视频通话看到对方。

在被迫居家不能出门时，比如生病在家或遇到暴风雪，我们没有办法亲自与朋友见面。通过电话交谈、视频聊天或发短信，我们能够和外界保持联系，减轻孤独感。然而，即使是这样的场合，我们也需要权衡使用社交媒体的利弊。

日趋便捷的联系让我们能够及时了解朋友的动态、分享新闻，甚至可以提出问题并希望得到有关学校项目或作业的帮助。对于远离家乡、想念家人或没有办法回家看望亲人的人来说，社交媒体还可以成为减轻孤独感的有效工具。同时，与多人同时聊天还能让我们更轻松地制订聚会计划。

> 对于远离家乡、想念家人或没有办法回家看望亲人的人来说，社交媒体还可以成为减轻孤独感的有效工具。

格洛丽亚的故事

11岁的格洛丽亚暑假去外地找好朋友小梅玩,小梅三年前随家人搬到了另一个省份,她俩平时通过微信和视频保持着紧密联系。得益于先进的科技,格洛丽亚甚至得以虚拟参观小梅新装修的房间。

格洛丽亚在小梅家玩了一个月,她玩得很开心,但很想念她的父母。她打电话给妈妈,商量好每隔几天就进行一次视频通话。这让格洛丽亚觉得家人仿佛就在她身边。许多年后,格洛丽亚去上大学了,她继续使用社交媒体与家人和朋友保持联系。对格洛丽亚来说,新技术还让她可以玩多人游戏、发微信和视频聊天,从而与朋友保持联系。如果格洛丽亚想与家人或朋友分享新闻,或者她有东西要展示给别人,比如她最新的艺术作品,她都能迅速而轻松地做到,无论她身在何方。

- 如果你与朋友相隔千里,你们会使用社交媒体保持联系吗?
- 社交媒体可以缓解你的孤独感或对家乡的思念之情吗?

使用社交媒体进行交流的另一个好处是，它让你有机会在"说话"的间歇好好地想一想。你可以阅读对方发出的信息，然后花时间考虑你的想法，然后再回复对方。在面对面交流时，人们通常希望对方能够立即回应。即使在传统的电话交流中，当一个人停止说话时，另一个也要立即接上，留给双方的思考时间有限。而用社交媒体交流时，如果你不确定如何回复对方，你甚至可以向父母或其他值得信赖的成年人寻求建议。

社交媒体可以让你迅速与多人建立联系，这带来了一个额外的好处：你可以分享你的目标和梦想，看看其他人是否与你志同道合。比如，你想为气候变化做些事情，或为慈善机构筹款，甚至参加徒步马拉松。你不必逐个联系朋友，而是可以一次性向多人传达你的想法和计划。在你努力让世界变得更美好的过程中，你通过社交媒体很容易触及很多人，邀请他们加入你的计划。

社交媒体还可以帮助你节省时间，让你不必费心安排和他人的交流。想象一下，如果你想让妈妈知道你英语取得了好成绩，但是当你有空联系她时，她正在开会，这时你可以给她发一条微信，告诉她这个好消息，等她有空的时候就能看到并回复微信，你也能知道她的反应。当你们有时间在家时，你们可以进一步深入交流，分享更多感受。

社交媒体的缺点

了解社交媒体的缺点能够让你对可能出现的问题和危险保持更高的警觉性。那么，你需要了解社交媒体的哪些缺点呢？以下是一些需要你特别留意的方面。

沟通不畅是孩子们在使用社交媒体，尤其是发送微信时经常会遇到的问题。例如，一个人可能本意是想开个玩笑，但对方可能会将其解读为侮辱性的话语。当无法看到对方的面部表情，或者听不到对方的语气时，误解就很容易滋生。

在线沟通之所以容易产生误解，有以下几个原因：

- 内容不够详细和完整。线上信息发送者可能不会像面对面交流时提供那么详细的信息，因为打字比说话要费时间，这可能导致你获取的信息不全面。
- 没有听到对方说话的语气，难以判断对方是在开玩笑还是严肃认真的。
- 有时，如果发送者不想让其他人（例如父母）理解信息内容，那么他可能会故意让信息含糊不清。
- 背景信息缺失。如果不知道发送者身在何处，或者不知道发信息之前的具体情况，某些话语可能会显得莫名其妙。例如，你和朋友发微信讨论家庭作业时，他突然发来"我真的好热"，这可能让你感到困惑。如果你知道当时他正在一个炎热的晚上遛狗，那么这条微信就合情合理了。

约书亚的故事

12岁的约书亚是个幽默风趣的男孩，他和同学们相处融洽，经常参与集体活动。在家时，他会通过微信与同学们联系。有一天，他在微信群里开玩笑地说，卡洛琳是一个"行走的大脑"。

许多同学立即表示赞同，乔治补充说卡洛琳过于严肃，应该"放松一点"。其他同学也很快发表了自己的看法，其中逐渐出现了一些负面评价，比如，凡妮莎说卡洛琳是最不受欢迎的学生。

约书亚对凡妮莎的评价感到意外，但他选择忽视，因为他不知道该怎么办。卡洛琳的好友希亚娜也在微信群里，她决定将这些对话告知卡洛琳，希望卡洛琳能了解同学们对她的看法。第二天，卡洛琳没来上学，几天后再回校上课时，她显得心事重重，不愿与人交流。约书亚从希亚娜那里得知，卡洛琳因为同学们对她的评价而不开心，她感觉自己受到了伤害。于是，约书亚找到卡洛琳，表示他不同意凡妮莎对她的评价，并强调他一直把她当朋友。卡洛琳告诉约书亚，凡妮莎的话真的很伤人，但他的话也让她很受伤。约书亚很惊讶，重新审视了自己在群聊中的言论。他原本想用"行走的大脑"来称赞卡洛琳聪明好学，成绩优异，他真心钦佩卡洛琳认真学习的态度，只是希望她学习之余也能享受生活的乐趣。

- 你能看出来卡洛琳为什么伤心吗？
- 约书亚该如何解决这个问题？
- 你会如何预防类似事情再次发生？

沟通不畅的另一种常见情况是信息误发。有时你可能想给某个人发微信，但一不小心发给了其他人。这可能没什么大不了的，也可能会带来问题，具体取决于信息的内容以及发送给了谁。所以发送信息时要格外小心：仔细检查你的信息，确保没有曲解你原意的拼写错误，确认接收者的身份正确。若这些都没有问题，你就可以发送信息了。

在社交媒体上过度分享个人信息是我们需要警惕的另一个问题。有些孩子出于信任，会和一个或多个朋友分享个人信息，甚至个人照片。但我们尽量不要这么做，因为一旦信息或图片发送给其他人，就很难再收回。请永远记住，即使你在发送私人信息时只有你一个人，但网络另一端的人是相连的，你的信息可能会被分享给其他人，并且以你未曾预料的方式传播开来。

除了沟通不畅和个人信息泄露的问题，我们还要反思是否在社交媒体上无意中做出了孤立他人的行为。例如，你邀请很多人加入群聊，随后宣布即将举办一场聚会，并公布受邀者名单，上面只列了几个孩子的名字，那些没在名单里的人可能会感到被孤立了。这就像在公路上高举一个告示牌，宣告你的聚会，并公开指出哪些人未被邀请。人的感情是很脆弱的，有时你甚至都没有意识到自己伤害了别人。那些受到伤害的人可能永远不会告诉你，你的信息伤害了他们。为了避免无意中伤害他人，我们在发送信息前，要仔细考虑对方可能会如何解读我们的话语，以及由此会产生怎样的后果。

社交媒体上另一个不容忽视的问题是网络欺凌。欺凌并非只存在于网络世界，它同样可能在学校、游乐场或任何人际交往的场合中发生。然而，人们在面对面交流时可能不会发生类似社交媒体上的欺凌行为。有些人在屏幕的掩护下，更容易说出尖刻和无礼的话语，有时甚至发送侮辱性的信息、嘲笑他人的图片或视频，这些行为会伤害对方的感情，甚至影响他们的自尊心。如果你在网上的行为导致他人感到羞辱、尴尬或不安，这可能会给他人带来极大的心理压力，从而导致更深层的心理问题，如沮丧和孤独。这些负面情绪如果得不到妥善处理，可能会引发更严重的后果。

> 无论是在网上还是面对面交流，我们都应该致力于鼓励和支持他人，而不是贬低他们。

如果你有嘲笑甚至欺凌他人的冲动，或者看到欺凌行为的发生，请试着换位思考一下。要是你被嘲笑和欺凌，你会有何感受？你可能认为只是开个玩笑，但对方可能感到被孤立和沮丧。此外，人们可能会将你的行为视为欺凌行为，这不仅会伤害被欺凌者，同样也会对你的声誉造成负面影响。

有些孩子在社交媒体上更容易欺负他人，因为他们不必直视对方眼中的痛苦。但无论你是否目睹对方的反应，痛苦依然是痛苦。做一个让自己自豪的人，一个正直的人。无论是在网上还是面对面交流，我们都应该致力于鼓励和支持他人，而不是贬低他们。

面对网上遇到的陌生人，尤其是那些声称和你年龄相仿、兴趣相投的人，你怎么知道对方说的是不是真话？在这种情况下，请确保你的父母或其他值得信赖的成年人知道你的网络社交圈。这是为什么呢？因为有的成年人可能会在网上伪装成孩子，企图利用未成年人。他们试图和你建立不健康的关系，或者探询你家的私密信息，这是很危险的。你或许已经知道，切勿在网上向陌生人透露你的真实姓名或其他个人信息，比如你的生日、家庭住址等。这一点很重要。当然，永远不要听从陌生人的指示。一旦你意识到对方可能是陌生人，要立即停止与此人联系，并尽快告诉值得信赖的成年人。在社交媒体上，我们要保持警觉，清楚地知道我们正在与谁交谈，以及分享哪些信息。

不要沉迷于社交媒体

大多数孩子都在使用社交媒体，并且投入了大量时间。了解社交媒体的利弊，才能够更好地保护自己。

你是否发现自己沉迷于社交媒体，担心错过任何一条来自朋友的动态或信息？这种不断检查社交媒体的习惯，是否给你带来了额外的压力？你是否觉得自己总是忙于拍摄照片或视频以供日后分享，而没有真正专注于享受当下？如果是这样，那么你可能需要考虑暂时从社交媒体中抽离。也许你可以尝试与朋友当面聚一聚，读一本好书，练习演奏乐器，参加艺术节目等。

社交媒体是一把双刃剑。当你使用社交媒体时，回想一下本章的要点：享受与朋友、家人联系的便捷，但也请注意到网络行为对他人的影响。当你看到网络欺凌时，请记得保护自己的安全，并在适当的时候勇敢站出来。偶尔，尝试远离网络一段时间，多与朋友和家人当面交流，共度美好时光。

行动指南

你是否觉得不断查看社交媒体给你带来了沉重的压力？如果你选择每周使用几次社交媒体，甚至一两周不使用社交媒体，你的生活会有何不同？先确定你想停止使用社交媒体的时间长度，然后付诸实践。在开始之前，让你的朋友和家人知道你的计划，以免他们认为你故意忽视他们。尝试后，反思你的感受：你感觉更平静、压力减轻，还是怀念社交媒体的便利？也许两者都有。当你决定重新使用社交媒体时，你可能会找到与它相处的平衡点。

第九章

应对友谊的变化

随着年龄的增长，你的兴趣、性格都可能发生变化，你可能会从害羞变得外向，或者反过来。你可能更喜欢跟许多朋友聚在一起玩，也可能只愿意和几个亲密的朋友相处。随着你的变化，你的友谊也会随之改变。

你有一个认识了好多年的朋友吗？这些年来你们的友谊有没有发生变化？想象一下，你在5岁时交了一个好朋友，现在，你已经10岁或15岁了，你们依然是朋友。你们这些年可能都发生了变化，并且未来可能会发生更大的变化。随着兴趣的改变，你和朋友可能会继续保持友谊，也可能渐行渐远。

在本章中，你将了解一些让友谊长青的办法。即使你和朋友都经历了变化，你们的友谊与以往不同，但它仍然可以持久且充满乐趣。在继续阅读之前，先做一个小测验。这个小测验会帮助你思考如何维护友谊，学会和朋友共同成长，同时了解兴趣和个性的变化将如何影响友谊，这些都能帮助你更好地应对友谊的挑战。

小测验

1. 你的朋友开始和别人玩，虽然他仍然经常和你玩，但你因为相处时间减少而感到失落，那你会：

    a. 告诉他，因为他跟别人玩，你感到被排斥了，你不想和他当好朋友了。

    b. 不知道该如何处理这种情况，所以你选择隐藏自己的沮丧和嫉妒情绪。

    c. 找时间和他聊聊你的感受。你告诉他，你很重视这段友谊，但也明白你们都有和他人交往的需求。你们共同探索如何维护旧友谊和建立新友谊，这样你也可以结交新朋友。

2. 你的发小告诉你，你们已经过了玩桌游的年纪了。她说电子游戏和社交媒体更酷。她的话让你很难过，你不同意她的看法。那你会：

    a. 因为感到被拒绝而哭泣。你停止与其他朋友交往，因为你害怕他们也会因为你的爱好而拒绝你。

    b. 尝试玩电子游戏和使用社交媒体，以便能够维持友谊。你决定再也不和她讨论桌游了。

    c. 仍然和你的朋友一起玩，你们都找到了妥协的办法：有时你们一起玩你喜欢的桌游，有时玩她喜欢的游戏。

3. 你感觉和一个老朋友已经没有太多共同点了。他很好，但你想和志趣相投的新朋友一起玩。那你会：

a. 忽视老朋友，希望他能找到新朋友。

b. 不想伤害他的感情，所以你告诉他你太忙了，没办法见面，但你确实想找个时间聚一聚。

c. 和他坦诚地聊一聊，讨论如何保持友谊的同时，也能拓展各自的社交圈，结识更多新朋友。

4. 你和最好的朋友从小就形影不离，现在你们已经11岁了，经常谈论未来的事情。你们希望都去同一所大学，成为室友，一起去不同的国家旅行，甚至打算以后要做邻居。在最近的一次聊天中，你的朋友突然打断你说："别说了！这有些不切实际了。我们是好朋友，但不必事事都绑在一起。"那你会：

a. 感到受伤和愤怒，立即反驳他："我之所以这么说，是因为我知道你朋友不多，我只是出于好意。"

b. 觉得不好意思，故作轻松地说："我开玩笑的！有时我也想有自己的空间。"

c. 让你的朋友知道，你了解他的感受，他觉得你们的计划过于长远了。你解释说你只是在开玩笑，虽然你希望和他以后能有很多共同的经历，但也知道要尊重彼此的个人空间。

5. 你和朋友过去都喜欢画画、烘焙，并拍摄你俩一起唱歌跳舞的视频。但是，你现在喜欢去踢足球，经常和队友们一起玩。你的朋友则喜欢上了手工和戏剧，经常和戏剧社团的人一起玩。你们不再经常见面了。那你会：

a. 认为你们的兴趣差异太大，不能继续做朋友了。当他邀请你一起玩时，你没有直接拒绝，而是以忙碌为由推托。

b. 仍然偶尔见见面，但你很想说服他跟你一起踢足球。

c. 知道你的朋友不喜欢足球，但你们仍然是好朋友。你们还是会一起玩，参加彼此都喜欢的活动。

测试结果

如果你的选择大多是"a"，那么随着你的成长和变化，维系多年的友谊可能会给你带来不适和困惑。请阅读本章，你将有机会学习如何应对友谊的变化。

如果你的选择大多是"b"，那么你已经意识到友谊在不断变化，并努力寻找维持友谊的办法。继续阅读，你将学到一些维持友谊的实用技巧。

如果你的选择大多是"c"，那么你已经知道如何应对友谊的变化了！请继续阅读，你将学到更多实用的办法。

什么样的友谊值得维护

随着年龄的增长，你和朋友都在发生变化，维护友谊就需要更多的耐心和更大的灵活性。或许，你有了新的兴趣和爱好，而你的朋友依旧坚守着过去的喜好，或者他们的兴趣已经转向了与你不同的领域。

下面你将了解如何处理你和朋友之间的兴趣差异。但在这之前，先花一些时间想一想，你们成为朋友的原因是什么，比如，是因为对方善良、有趣、聪明吗？他现在还保留着这些优秀品质吗？如果答案是肯定的，请考虑以下问题：

- 即使你们的兴趣和社交偏好已经发生了变化，你们如何继续享受彼此的陪伴？
- 你是否愿意继续为了这份友谊付出努力，即使它与过去有所不同？
- 你们当初因为什么而成为朋友？你们如何在此基础上继续发展友谊？例如，如果你们在当志愿者的时候相识，也许你们可以共同参与新的慈善活动，继续这份热情。

无论是老朋友，还是新朋友，维护友谊都需要付出许多努力。如果符合以下条件，这份努力往往是值得的。

- 尽管你们的兴趣发生了改变，但你们依然珍视对方。
- 你们相互欣赏和尊重。
- 你的朋友陪伴你很长时间了，对你了如指掌，你们已经像家人一样了。

斯科特的故事

斯科特和迈克尔是邻居，从5岁时就成了好朋友，他俩经常在斯科特家的院子里打球，玩捉迷藏。然而，当他们10岁时，他们的成长展现出不同的轨迹。迈克尔沉迷于机器人的世界，而斯科特则加入了学生会。慢慢地，他们见面的次数越来越少，两个人也渐行渐远。

斯科特始终怀念着和迈克尔的深厚友谊。他和爸爸说起这件事，爸爸建议他好好想一想，为什么喜欢和迈克尔在一起。斯科特觉得他俩性格相似，相处得很好。受到启发的斯科特决定采取行动，他邀请迈克尔到他家做客。他们聊了聊彼此的喜好，惊喜地发现仍有诸多共同点，于是决定尝试一起做一些好玩的事情。斯科特发现，他和迈克尔仍有共同的兴趣和幽默感。同时，他们也意识到，他们仍然可以一起玩得很开心。之后，他们比以前更爱一起聊天了，因为他们开始互相分享新的想法和经历。

- 如果你是斯科特，你会慢慢疏远迈克尔并结交新朋友吗？
- 你能看到结交新朋友的同时留住老朋友的好处吗？

当你决定是否继续努力维护一段友谊时，想一想你是否愿意让对方继续出现在你的生活中。如果你们仍然喜欢、尊重和关心彼此，即使你们没有那么多共同点，也仍然值得保持朋友关系。随着时光流逝，你将拥有一个可以和你分享回忆的朋友！

> 随着年龄的增长，你和朋友都在发生变化，维护友谊就需要更多的耐心和更大的灵活性。

友谊并非恒定不变，有时亲密无间的好朋友也会变成泛泛之交。如果你遇到这种情况，你或许有机会在未来以全新的方式重塑这段友谊。如果需要，不妨给自己一些时间去成长，同时也给予朋友成长的空间。或许你们现在需要保持一定的距离，但想一想，是否仍然可以偶尔聚一聚，以维系你们之间的纽带。

和朋友的兴趣不一样了，怎么办？

正如之前提到的，朋友之间有时会出现兴趣上的分歧。如果他们失去共同的兴趣，各忙各的，就很难保持亲密关系。在这种情况下，双方都需要付出努力来维护这段友谊。好朋友之间的关系很容易因为缺乏交流而变得疏远。你可能突然意识到，由于忙碌，你已经好几个月没有见过你的朋友，也没有机会一起玩了。然而，如果你们能够定期相聚，这份友谊就能保持活力。

有些孩子喜欢与性格和兴趣相似的朋友交往，一旦朋友出现明显的个性差异，他们就会选择结束友谊。他们可能希望所有的朋友都是运动员或幽默风趣的人，或者共同参与相同的活动。然而，无

> 友谊并非恒定不变，有时亲密无间的好朋友也会变成泛泛之交。

论是老朋友发生了改变还是结识了新朋友，拥有多样化的朋友其实很有趣。当你想要结交新朋友时，你可能会遇到曾在其他国家生活过或具有不同文化背景的人，也可能遇到从另一个省搬来的人。世界丰富多样，与不同背景的人交朋友可以拓宽我们的视野，带来丰富的体验。尽管有些老朋友和我们的兴趣不一样，但如果他们值得信赖、懂得尊重他人、有趣，也值得继续交往。

如果你发现自己和朋友的兴趣已经不一样了，你可能会疑惑，为什么还要继续保持这段友谊，为什么不去找和自己兴趣相投的人建立新的友谊呢？只有你自己能回答这些问题。建议你回顾本章前面的内容，好好想一想，为什么维护旧友谊仍然具有其独特的价值。

面对兴趣各异的朋友，如果你确实想保持这份亲密的友谊，以下建议可能会有所帮助。

- 积极了解朋友的新兴趣。
- 和朋友分享你的新兴趣。
- 了解朋友的新想法。
- 和朋友分享你不断变化的想法和理念。
- 让你的朋友知道你最近在做什么，以及为什么你乐在其中。
- 如果你想尝试新事物，可以问问朋友是否一起参加。这是你们一起体验新事物的好办法。
- 邀请你的朋友来观看你的比赛，或者其他你参与的活动。

你能想出其他创造性的办法来维护友谊吗？有时候，友谊是值得我们努力去维持的。

暂时中断友谊

你已经了解到许多维护友谊的理由，即使你和朋友都已经发生了变化。然而，有时与朋友继续保持亲密关系需要付出大量的努力，甚至可能让你感到不舒服。在某些情况下，你可能需要暂时中断友谊。例如，如果你或朋友希望友谊是排他的，这种占有欲会对友谊造成伤害，它会阻碍你们的成长，限制你们建立新友谊，甚至导致你们中的一方想要结束友谊，因为感觉无法与他人建立新的联系或尝试新事物。在做出结束友谊的决定之前，试着先进行沟通。也许你们可以找到一种方式来维持这份友谊，同时给予彼此更多的空间，享受更多的独立性，并有机会与他人建立新的友谊。通过开放的对话，你们或许能够重新定义友谊的界限，使其更符合你们的需求。

有时候，还有一些变化也会让你想结束友谊，比如，你（或你的朋友）有了新的追求和自我定位，希望和其他人做朋友。如果你是想要结束友谊的一方，在你做决定之前需要考虑以下几点：

- 你是真的想结束这段友谊，还是新朋友强迫你这样做？如果新朋友让你有压力，请考虑如何做真实的自己，并做自己认为正确的事情。
- 你的新朋友是否适合你？如果你和老朋友保持亲密关系，你会失去这些新朋友吗？
- 你的老朋友是否接受你花很多时间去建立新友谊？如果是这

样，维持旧的友谊可能会更容易。希望你的新朋友能够理解，即使你和老朋友保持亲密关系，你仍然可以有很多时间跟他们交往。

> 一个真正的朋友，应该能够促进你的成长，让你感受到被接纳和支持的温暖。

当一段友谊走到尽头，你可能会发现自己时不时地怀念这段友谊中的老朋友。你可能会想念你们之间的谈话、一同参与的活动，或者想念朋友作为你坚强后盾的那种感觉。在决定放弃一段友谊之前，请务必慎重考虑。

有时人们会质疑是否值得保持一段友谊。例如，也许你们不再像过去那样经常见面，或者在相处中你总是妥协的那个。如果友谊给你带来了伤害，如果朋友的行为让你感到难堪或者不适，可能是时候和朋友谈一谈你在友谊中的感受和需求，以及你为什么会感到受伤。在某些情况下，你可能不得不做出艰难的决定——结束这段友谊。这无疑是一个痛苦的过程，你可能会感到难过或生气。然而，让你感到痛苦的人并不是真正意义上的好朋友。请记住，一个真正的朋友应该能够促进你的成长，让你感受到被接纳和支持的温暖。

有时可能是朋友而不是你选择结束友谊。这种情况可能因多种原因而发生：随着时间的推移，你的朋友可能想改变你们之间的关系，尤其是在你们都发生了变化之后。或者你们相处的时间少了，关系逐渐变得疏远了。也许这段友谊并非就此结束，而是需要换个形式继续下去。

卡莉的故事

　　11岁的卡莉在二年级就和玛雅成了好朋友，但随着她们逐渐长大，卡莉感到自己被玛雅束缚了。卡莉终于融入了年级最受欢迎的小圈子，感到自己得到了认可和接纳。然而，玛雅对此并不认同，一再提醒卡莉，新朋友们正以消极的方式影响她。卡莉觉得玛雅不过是嫉妒罢了。

　　玛雅知道卡莉向来是一个幽默、积极主动、乐于助人且善良的人。卡莉十分喜爱拉小提琴，但现在放弃了这一爱好。她也不再是一个正直的人，居然和新朋友们一起嘲笑别人，甚至贬低同学的科学报告。

　　玛雅认为卡莉已经变了，这让她不得不结束这段友谊。玛雅对卡莉说："我会想念你的，但你似乎不再重视我们的友谊了。如果你想再次和我成为朋友，并变回之前的你，我会一直等你。但同时，我要结交新朋友了。"

　　卡莉听完后，觉得玛雅总是表现得高人一等，令人反感。卡莉决定她们再也不会做朋友了。不过，她俩私下还是会怀念曾经的友谊。

- 如果你是卡莉或玛雅，面对这样的情况，你会怎么做？
- 你认为玛雅应该保持沉默，还是直言不讳？
- 如果你像卡莉一样，面临着为了被他人接受而改变自己的诱惑，你会怎么做？

当你发现自己与某个朋友的相处时间减少，或者一段友谊已经走到尽头时，请记得时常提醒自己：你的特别之处在哪里，以及你所拥有的那些使你成为他人好友的宝贵品质。享受和其他朋友在一起的时光，同时想一想你可以和新朋友一起做哪些有趣的事情。友谊的结束并不是失败，而是生活旅程的一部分，它为你提供了成长和结识新朋友的机会。

行动指南

　　思考一下，你和朋友是如何维护友谊的？或许是你们一起参与的活动，或许是你们的谈话，或许是你们共同的价值观，又或许是你们幽默风趣的性格。随着你们逐渐长大，你们会如何保持这份友谊呢？这可能很容易，因为你们可能会继续喜欢相同的事物；这也可能是一个挑战。如果你遇到了困难，不妨回想一下为什么努力维持这份友谊是值得的。如果你想结交新朋友，那么考虑一下如何在拓展社交圈的同时，保持与老朋友之间的亲密关系。

小结

现在，你已经读完了这本书，希望你对如何交朋友和维护友谊，以及如何成为别人的好朋友有了更深入的认识。如果你关心和尊重对方，并愿意在必要时做出妥协，那么你就已经走在正确的交友道路上了。此外，你不妨在潜在的朋友中寻找那些与自己有相似特质的人。

建立友谊需要时间。亲密的友谊，尤其是最好的友谊，通常不会一蹴而就。相互了解和信任需要时间的积累和沉淀。因此，给自己一些时间去认识对方，同时也给对方一些时间来了解你和你的独特之处。

友谊的道路并非总是平坦无阻，有时你和朋友可能会遇到分歧，或者追求不同的目标。在这种情况下，保持尊重和冷静地与朋友进行对话至关重要，这样你们双方都能倾听对方的观点，并共同寻找解决问题的办法。值得庆幸的是，并非所有的分歧都会导致友谊的破裂。有时候，开诚布公地讨论分歧反而能够帮助你们更好地了解彼此，使友谊变得更加坚固。

社交媒体有利也有弊。希望你从本书中学到了一些如何安全使用社交媒体与他人保持联系的实用技巧，以及如何克服这一技术的潜在缺点。

当你开启新的友谊或继续维护旧的友谊时，想一想你是否感到被接纳、被支持和快乐。友谊应当为你的生活增添光彩，而不是让你感觉必须伪装自己或承担被拒绝的风险。选择与那些能让你感到快乐的人共度时光。努力保持你所拥有的独特而积极的关系，即使你在不断成长和变化。

最后，当你需要有关如何成为他人的好朋友、结交新朋友和维护友谊的建议时，请记得翻阅这本书，希望它能为你提供帮助，成为你友谊旅程中的一盏明灯，照亮你前行的道路。

祝你好运！